我
们
一
起
解
决
问
题

产品经理与运营丛书

OPERATION
THINKING

运营思维

全方位构建运营人员能力体系

张沐 ◎ 著

人民邮电出版社
北京

图书在版编目（CIP）数据

运营思维：全方位构建运营人员能力体系 / 张沐著
. -- 北京：人民邮电出版社，2020.12
（产品经理与运营丛书）
ISBN 978-7-115-55142-9

Ⅰ．①运… Ⅱ．①张… Ⅲ．①企业管理－产品管理
Ⅳ．①F273.2

中国版本图书馆CIP数据核字(2020)第206448号

内 容 提 要

什么是运营？运营工作具体包括哪些种类，需要运营人员掌握哪些技能？运营和产品、用户、增长、转化及数据是什么关系？运营人员应该具备哪些思维，如何做好运营？带着这些问题，本书对运营做出了深度的剖析。

首先，本书讲述了运营工作的分类、运营部门与其他部门之间的关系；其次，本书讲述了内容运营、渠道运营、活动运营、用户运营、产品运营，单独重点讲述了不同产品运营的侧重点，包括平台产品、工具产品、教育产品、To B 产品、电商产品等；然后，本书讲述了与增长相关的内容，包括拉新、存量、转化、裂变等要点；最后，本书分析了产品和用户的生命周期，以及如何用数据指导运营，强调把握运营的本质，用运营思维来做好运营工作。

本书适合在企业中从事运营工作的人员阅读，具体包括初级运营人员、运营经理及运营总监。同时，本书也可供高等院校相关专业的师生参考。

◆　　　　著　　张　沐
　　　　责任编辑　张国才
　　　　责任印制　彭志环

◆　人民邮电出版社出版发行　　北京市丰台区成寿寺路 11 号
　　邮编　100164　　电子邮件　315@ptpress.com.cn
　　网址　https://www.ptpress.com.cn
　　北京七彩京通数码快印有限公司印刷

◆　开本：700×1000　1/16
　　印张：14　　　　　　　　2020 年 12 月第 1 版
　　字数：180 千字　　　　　2025 年 9 月北京第 27 次印刷

定价：65.00 元

读者服务热线：(010)81055656　印装质量热线：(010)81055316
反盗版热线：(010)81055315

推荐语

不论你从事哪个行业，每个行业都有属于自己的规律与常识，张沐的这本《运营思维》就为大家分享了运营行业的规律与常识。

——魏家东　品牌营销专家、东狮品牌咨询 CEO

运营代表了互联网时代的一些科学思维方式和高效做事方法，本书用通俗易懂的语言做了梳理。我做了 10 年运营，依然觉得很有意思，新鲜感十足。近年来，我在把运营用到自己这个个体和传统行业时更是体验了很多顿悟时刻。每个人最应该运营的，也是最好上手的，就是自己这个产品。无论你是否要进入运营这个岗位，都可以"运营 +"一下，让自己升维，增加人生的广度和深度。

——小马鱼　畅销书《我在阿里做运营》的作者

张沐的这本书写得很接地气，书中介绍了很多适用于小公司、创业公司的运营策略和方法，能够很好地帮大家解决实际问题。对于运营新手，这本书也是比较合适的，很容易读懂。运营是一个讲究综合技能，同时需要循序渐进、不断积累的过程。我希望大家能从这本书中得到启示，并且应用到自己的实际操作中，让自己不断进步。

——类类（类延昊）　畅销书《运营笔记》的作者

互联网行业内，很多朋友在日常运营工作中缺少自己的方法，也没有系统的学习资料，因而想要提升都非常困难。张沐的这本《运营思维》详细讲述了做好运营工作所需要具备的技能和思维，可以说是一本不可多得的运营佳作，特别适合互联网从业者阅读。

——卢松松　知名站长

任何一款成功的互联网产品都经历过动态迭代的过程，产品运营人员是这个过程的主要推动者，他们在产品和用户之间搭建起沟通的桥梁，让产品日渐完善，让用户指数得以增长。

——夫　唯　搜外网创始人

市场上已经有很多本讲运营的书了，但张沐的这本依然值得推荐。张沐是个人站长出身，属于在缺资源、少支持的恶劣环境下成长起来的运营高手。相比大公司核心产品的运营经验，张沐的经验有独特的价值。这些价值在本书中都有系统的阐述。但本书并不局限于此，而是重视运营思维。我认为，运营思维、运营技能的螺旋式提升，对运营人员的快速入门和成长是非常有利的。

——车　马　首席产品官

我们都说运营和产品不分家，但实际上掌握产品又同时兼任运营的互联网从业者仍然是少数。这本书可以帮助你快速了解运营的基本技能，学习互联网的增长裂变玩法。当你想从事互联网 IP 个人设计时，本书也能帮助你搭建个人成长模型，像运营产品一样运营自己。

——Kevin（张晋壹）　PMTalk产品经理社区发起人

我看过很多与运营相关的书，唯有这本非常务实。本书很好地诠释了运营思维，实际上是一种逻辑，也非常详细地阐述了运营的各种技能，具有很强的实操性。总之，本书非常适合想做或初做运营的人阅读，值得推荐。

——胡明宇　小米集团 GTM

运营和产品不分家，越了解产品就越知道如何运营产品。这是一本干货满满的书，比市面上很多堆砌辞藻的书更具有实操性。做运营需要数据支持运营策略，理性思考和判断，拨开现象看本质。运营越积累，越灵活，不是只有一种方法能够做好运营。张沐的这本《运营思维》可以从根本上使想投身运营领域的互联网从业者少走弯路，快速积累。

——马欣竹　腾讯微信资深行业产品经理

随着流量红利的消失，越来越多的企业和产品进入存量运营阶段，运营的价值越来越凸显。本书既从"术"的角度，对运营方向、手段和工具做了全面细致的介绍，也始终坚持"道"的传递，强调运营要最终为商业目标服务，在不同的外界环境和内部资源的约束下灵活变通操作手段。了解以上内容，对于工作开展和职场进阶都至关重要。我推荐运营人员、产品人员将本书作为手边读物，以更快、更好地达成业务目标。

——刘　乐　神策数据高级产品经理

运营作为企业和产品触及用户的第一抓手，在扩大市场和提升影响力中起着至关重要的作用。本书从最浅显的运营概念说起，不断深入，讲至爆款打造，稳扎稳打地传授了运营的核心技能，是运营入门和进阶的佳作，能让致力于运营工作的人员领会运营精髓并快速进阶。

——刘龙飞　联想高级产品经理

互联网运营有道有术，道是一种思想，术是各种技巧。讲运营的书虽然多，但是大多数只讲了术，而没有提及道。唯有本书有道有术，既可以完善运营人员的思维模型，也可以提升运营人员的技能，非常适合互联网从业者阅读。无论你是刚接触互联网行业的小白，还是已有经验的互联网从业者，阅读本书都会有所收获。

——李新刚　达内教育网络营销总监

电商运营与互联网运营的本质是一样的，唯有渠道的表现形式不同。然而，大多数人都在追求最新的技能，却不关注运营思维，导致产品运营的效果不好。我非常高兴看到张沐的这本《运营思维》，从实操技能讲到运营思维，值得运营人员和电商从业者阅读。

——刘　涛　畅销书《淘宝、天猫电商运营百科全书》作者

掌握运营思维是做好运营工作的基础。在互联网行业，运营也是一种基本能力，不再只限于基本的职业划分。运营人员在职业初期一定要注意深度思考和刻意练习，为未来快速成长打下坚实的基础。本书提供了具体的思维方式及实践路径，能帮助运营人员在职业初期规划好成长步骤。

——卿熙雯　35斗COO

张沐是一位实干型的运营者，他持续产出了能为核心目标带来效果的运营案例，也在很多优质的自媒体平台输出内容。他在这本书中提到的经验适合中小企业运营人员学习，我相信这会让你的职场道路走得更长、更远。

——陈　莉　金山办公软件新媒体运营经理

如果要给实践足够的指导，除了需要充满细节的经验总结和方法整理，也要有高屋建瓴的理论纲领以参透其本质。恰好，张沐的《运营思维》结合了两者，是一本互联网从业者学习运营不可多得的好书。

——吴显昆　rct studio联合创始人

工作中需要运用运营技能开展项目、打开市场、挖掘用户价值等，因此创业者应快速构建自己的运营思维。张沐的这本书从运营技能到运营思维都有所涉及，全方位地构建了运营人员的能力体系。

——王　宇　连续创业者、长江商学院MBA

一个不懂运营的产品经理设计不出符合市场需求的产品，运营思维和基础知识是产品经理的必备素养和技能。《运营思维》这本书深入浅出地为产品经理讲述了有关运营的知识，是对产品经理在运营方面的科普。

——张乐飞　产品会创始人、《独具匠心：做最小可行性产品（MVP）

方法与实践》的作者

《运营思维》这本书可以给希望从事运营工作的朋友提供全局指导，让运营人员能够从初出茅庐到仗剑天涯，做到有方向、有方法；也适合帮助非运营从业者全面地了解运营这件事，并获得运营的思维方式。

我是一名 SaaS 行业老兵，见证了我国本土 SaaS 行业的成长历程。近几年，我明显感觉到运营对于 SaaS 公司越来越重要。

在创业早期，团队内部没有人懂运营，我们是凭着"蛮力"让公司实现了增长，活了下来。如果今天重来一次这样没有运营的创业，估计失败的概率会大很多。一个品类在发展的早期，因为行业竞品少，用户的受教育程度低，普遍是满足"有"和"无"的问题，所以获客和留存相对容易。只要增加市场营销费用和扩大销售团队，就能比较容易地获得增长。

现在，我国的 To C 和 To B 互联网都已经进入存量时代，各家厂商都在从其他竞品那里抢夺用户心智与时间。这导致获客的难度不断攀升，留住用户的挑战也极大，因而更需要有强大的运营能力来助力营销与留存。所以，我认为运营思维会成为互联网从业者的必备技能。

与张沐结缘是因为公司要推出一款重要的新产品，希望组建一个强大的运营团队。在众多候选人中，我们幸运地找到了张沐这样优秀的运营人员，很高兴他能够加入我们的团队。我也很荣幸能够受邀为本书写序，希望这本书能够给读者们的工作带来启发，帮助更多人成为运营专家，让更多公司因注重运营而走向成功。

陈光

容联七陌 CEO

商业的本质是交易。

从物物交换开始，到交易媒介——货币的产生、发展，以及各种支付手段和方式的丰富，再到交易内容——商品及行业细分品类全方面激增，商业在新世纪进入了飞速发展的阶段。互联网和计算机技术与商务的碰撞，再一次赋予了商业的交易场所和交易通道等翻天覆地的变化。在各个领域，商业的多样性和丰富程度大幅提高，出现了不以盈利为目的和非交易形式的商业模式，而各种虚拟化的产品和服务也是层出不穷。

在商业如此复杂的今天，已经没有任何一种模式、方法和理论能够全面且完整地说明商业的方方面面，每一种分析的方式方法都是在特定的领域解决特定的问题。于是，对于具体的企业来说，需要将自己的产品和服务卖出去，所面临的挑战也是前无古人的。

运营是从企业视角，为实现企业的商业价值而进行的一系列商务活动。在不同类型的企业中，运营的定义和范围有所不同。其中，内容运营、活动运营、用户（商户）运营基本是被广泛认可的部分，而渠道、营销、市场、品牌等可能各有不同。当前的运营，基本是指线上化运营。

互联网企业和传统企业的最大不同是用户视角。如果说传统的从企业或商户视角切入的典型是以 IBM 为代表的重行业解决方案型的公司，那么苹果公司就是新形势下从用户视角切入的公司。增长黑客给了用户运营一条明确的路径，拉新（Acquisition）、促活（Activation）、留存

（Retention）、转化（Revenue）、分享（Refer）构成的 AARRR 模型也给出了非常多的实例和方法，是运营领域里的一个不错的"航标"。它是用户管理非常好的"战术"，但是更偏近于"形"，而非"神"。

对用户心智的研究则更偏近于后者，它的范围更广、更综合，理论化更强、更抽象，是真正指导产品成功的又一个隐藏的"关键"，因为用战术级别的方法解决更大、更抽象的问题就相对乏力。在互联网出现之前的传统商业管理中，品牌资产管理是心智管理的重要组成部分之一，包括产品（品牌）在用户心目中的知名度、认知度、美誉度、联想度等。同时，要考虑到用户心智的转变也有一整套的商务公司执行方法和理论，真正做好少不了一些心理学的功底。当然，懂得群体心理学也会是另一个不小的帮助，能够了解个人在群体中容易出现的"盲目""冲动""狂热""轻信"等特征。充分利用这些因为群体而造成的情绪化、无异议、低智商的特征，也能在不同情况下得到不错的结果。这些都是增长黑客给不了的。

我在此引入一个词：维度。如果把 AARRR 作为用户运营的一个维度，那么用户心智之品牌管理则是另一个不同的维度。西方的营销学中提到比较多的用户画像（Personas）、用户分层（Segmentation）等就是用户运营中很好用的实际操作方法，是实现千人千面的基础。这些可以作为操作工具的第三个维度。有一个市场营销工具的整理集叫 MarTech，其中收集了几十个营销领域的数百款头部应用，每个应用又在特定的领域里用特定的切入点解决着相应的实际问题。工具都是属于战术落地层面的，用得多了也可以总结和抽象出很多不同的运营方法和思想。

在用户这个方面，已经可以很方便地列举出三个相关度差别较大的运营维度和知识体系了，如果再花些力气，列 8 ～ 10 个也不是问题。之所以有这么多，就是因为前面提到的商业的多样性造成的。那怎么学得过来呢？究竟如何才能用最快的速度、最有效的学习方法，迅速成为一名高级运营人员呢？

我强烈建议你花一点时间读完这本书，这样你的脑海中就有了一张运营的大图，这是你最需要的框架。之后，你就可以从更多的维度往里面添加更多的内容，并通过实践熟练地运用起来。在真正解决问题时，你可能有多种方法从不同的维度解决，也可能是一个组合型的方案，而你最后的选择就是一门运营的艺术了。请记住，整体的大图和框架为先，这样你掌握的运营知识更有系统性。

运营的本质是思维方式，本书让这成为可能。

孙健

蚂蚁集团资深专家

CONTENTS Q目录

第5章
在对的阶段做对的事

第1章

大话运营

说起运营，大家的第一印象可能是互联网企业中最简单、人人都可胜任的一个岗位。刚入行的运营人员做着一些执行层面的工作和领导临时安排的事情，甚至前台的接待、文件的整理等。于是，运营经常被称为打杂。

在我建立自己的第一个博客时，运营还不火，大多是推广、营销、SEO、SEM等概念，比较热闹，全网营销、车手、刷单等新兴名词让人眼花缭乱。工作三年之后，运营行业变得炙手可热。于是，学生物的、学文学的、学化学的、学动物学的、学法学的，很多专业的同学都想跨界到运营中来。

准备找运营工作的同学想清楚地知道，成为合格的运营人员，应该掌握哪些必备的技能？面对产品运营、用户运营、渠道运营、电商运营、新媒体运营等各种运营工作，应该如何抉择？

工作了两三年的其他行业的同学看着互联网行业的薪资很高，也想转行做互联网行业的工作；听说运营工作的入行门槛很低，就打算跨行到运营工作中。那么，到底怎样才能零基础跨行到运营行业的大军中呢？

一些已工作两三年的运营人员开始对运营和推广、运营和市场之间的关系感到迷茫；也有一些运营人员没有很亮眼的数据，开始彷徨，怀疑自己到底适合不适合做运营工作。

如果你不知道什么是运营，如果你认为运营是打杂的，如果你想毕业后找一份运营工作，如果你想零基础跨行到运营行业中，如果你刚入门不知道应该学习哪些技能，如果你工作两三年不知道运营和推广的关系，如果你已是运营人员并产生了自我怀疑，请阅读本章，你所有的疑虑都会消失。

1.1 杂谈运营

1.1.1 什么是运营

行业中很多前辈给"运营"下过定义。在我眼中，运营就是业绩和用户中间的调度器，明确产品的业绩目标，通过一切可操作的方式合理地分配资源，通过技能吸引用户并引导用户完成指定的行为动作，以提升用户的留存率和活跃度，从而产生收益，完成企业的业绩。

运营工作都是为业绩目标服务的，所以运营是互联网行业中比较重视 KPI的一个职位。

做运营工作不光要看外表，还要看内在。除了看市场的盘子和你的业绩目标，还要考量企业的体量、可以调配的资源，通过何种技能合理地分配资源并吸引用户。因此，大多数运营人员认为技能是运营工作中最重要的要素。

然而，我认为技能在运营工作中并没有那么重要，只是大多数运营人员还是执行岗位的专员，拿到的是拆分下来的目标，通过单一的技能就能完成。对于较高职位的运营人员，反而合理地分配资源比掌握技能更重要。

未来，随着人工智能的高速发展及运营工具的普及，运营工作的技能将更加不重要。如果你心存疑虑，请继续往下阅读，我觉得你会同意这个观点。

用一句话来描述运营工作，就是调动一切可调动的资源并合理地分配，采用合理的技能为业务服务！

1.1.2 到底谁成就了谁

工作之后，运营人员之间会逐渐拉开差距。做出成果的部分运营人员开始沾沾自喜，做不出成果的部分运营人员开始沮丧懊恼。其实，运营人员没有必要太纠结于以往的结果。

在运营行业里，大多数时候选择比努力更重要。现在流量越来越贵，用户被各种运营技能"坑"得越来越聪明。新启动一件产品，如果不背靠大流量、大资本，就很难撬动巨头的位置。如果微信不背靠腾讯的巨大的流量池，没有 QQ 前期导入用户，也很难做到今天的规模。

如果你有幸做出一个百万级用户的产品，不要开心得太早；如果你还没有做出十万级用户的产品，也不要忧伤。运营工作是万里长征路，只要你还在运营这条路上，就有机会证明自己的聪明睿智；当然，也可能因一时疏忽而翻车。

在大企业里做运营，偶尔翻个小车没有太大的问题；在小企业里做运营，一时疏忽的翻车就可能导致车破产品亡。大企业有上亿级的用户，损失几万个用户不伤筋、不动骨；小企业一共就几百个种子用户还翻车，在这个人人都是自媒体的时代，产品可能被用户宣告死亡。如果企业还指望这个产品推向市场、赚取利润，不好意思，准备找工作吧！

是运营人员成就了企业，还是企业成就了运营人员？大概率是企业成就了运营人员，小概率是实力和运气成就了运营人员。通过运营人员成就企业的情况很少见。提及阿里的运营人员，不看他做过的事情，大家都觉得他的能力比较强，"阿里"两个字已经自带光环。有些运营人员误打误撞地进入一片蓝海市场，做出一些有影响力的事情，不可否认，除了他们本身的实力，还有不少运气成分。件件产品都能运营得有模有样，这种人在运营圈子里少见；成功过一次后接连失败的运营人员常见。

1.1.3 去大企业还是小企业

刚毕业的学生纠结是去大企业当"螺丝钉"，还是去小企业全面发展。

毕业前三年，我信誓旦旦地告诉别人：想创业，去小企业锻炼自己的能力；想走职业路线，去大企业有更好的发展前景。回想起这个答案，真对不起当初提出问题的同学。

我坚持自己的观点并加以修正：想走职场路线，就去大企业发展；有创业的想法，就先去大企业历练，然后去小企业掌舵。

大企业有完整的晋升通道，从专员到专家，每年都有机会。小企业入门就是经理、总监，顶头上司就是老板，一眼可以看到晋升的尽头。阿里 P6 的运营人员比带两个实习生的运营总监更容易获得其他企业的青睐，而且相对容易获得高薪资、高级别的岗位。

大企业的流程规范，产品完善，遇到问题有运营经理、运营总监帮助解决，平时还有运营专家可以询问，学习别人的方法论，系统性地成长为专业型选手。小企业的流程不规范，产品不完善，企业内部甚至没人知道运营为何物，遇到问题求助搜索引擎，或咨询行业内的运营专家，获得大概的解决思路，具体的执行还是要靠自己的悟性。

大企业的福利待遇高于小企业。暂且不对比话补、饭补、房补等各类补助，就公积金而论，大企业是最高比例足额缴纳，小企业大多是最低额度缴纳或不缴纳。

在互联网行业的职场，名企等于名校。校招比社招更容易进大企业；工作三年，从大企业到小企业薪资翻倍，从小企业到大企业则难于登天。

刚毕业，先去大企业规范化地成长为专业型选手，然后去小企业施展才华做横向拓展，或一直在大企业内成长并晋升。

1.2　运营人员的基础

支撑运营人员在运营行业里持续地发展，仅仅是因为擅长一项运营技能吗？只靠运营技能，没有强大的心理，很难在运营工作中坚持下来。此外，运营人员还需要具备较强的学习能力，不断地拓展自己的知识面。

1.2.1　运营人员的心理

运营人员除了做好本职工作，还要具备强大的心理。如果运营人员不具备强大的心理，不是陨落在数据的波动上，就是败阵在与别人的争论上。

有时数据出现暴涨，有时投入资源之后不能完成预期的目标。运营人员一定要具备强大的心理并看淡一切结果，在数据高涨时不要去酒吧庆祝，而是要快速分析数据暴涨的原因，然后持续地推进相关的运营技能，让数据更上一层楼；在数据下跌时听着管理者的骂声，分析数据下跌的原因，积极寻求挽救的方式。

针对某些运营方案争论要不要实施时，运营人员一边与别人争论，一边找出相应的数据，支撑自己的观点。争取在争论中取胜，获得更多资源，让业绩更好。最终，数据表现好时，产品经理会说：这么好的产品，任何人都能运营得好；数据表现不好时，产品经理又会说：这帮运营人员就是没能力，这么好的产品都运营不好。

拥有玻璃心的人真不适合做运营工作。在数据大涨和大落时，面对别人的恭维和贬低时，运营人员要保持理性，通过数据分析挖掘影响数据波动的主要因素，通过调整运营方式获得更好的业绩，或寻找挽救的方式。

总之，运营人员在工作中要保持一颗平常心，做到不以物喜、不以己悲，才可以更好地开展运营工作。

1.2.2　运营人员的一天

没有接触运营工作的你是不是期待着：早晨到企业看数据报表，各项指标良好，已经超额完成了任务，然后开始写下一个阶段的运营计划；中午吃个饭，然后午休；下午和用户聊聊天或写宣传文案，19点准时下班回家。

然而，现实和理想之间有太大的差距。现实工作中，运营人员从早忙到晚，不停地穿梭在各种会议之间，不停地解决工作中遇到的麻烦。

早晨到企业发现数据不达标，连忙做数据分析；分析一半，到了产品经理组织的开会时间，领导也参与了这次会议；会议结束时已经12点，赶快叫个外卖，或下楼吃个盒饭；午饭后准备把数据分析做完，领导临时发起一个会议，针对今天数据不达标，叫来相关的运营人员进行批评；会议结束后两个时终于做完了数据分析，赶紧写一份报告发给领导，抄送产品团队和运营团队。

产品经理看到邮件后非常不开心，过来找你理论。你俩对了半小时的数据，产品经理终于承认自己更新的版本有一个小漏洞，导致今天的数据不达标。

看着日历上的安排，活动规划还没写完。你刚准备写活动规划，领导针对产品的小漏洞召开紧急会议，产品经理和运营人员必须参加。会议结束时已经19点，其他人已经下班回家，你还要写活动规划。写完活动规划已经晚上10点，提交日报，关灯下班回家。你想想第二天需要与设计人员要排期、向管理层要资源、跟产品经理对进度等，就感到无助。

经过一系列运营技能的调整，当业绩指标正向增长时，你发现一切付出都值得！

1.2.3　运营人员的知识面

作为运营人员，不是看两本与运营相关的书，做两次运营活动，就可以做好运营工作。虽然运营工作不要求上懂天文、下知地理，但是运营人员的知识面要比其他岗位的人员广一些。

做运营工作要懂市场、懂渠道、懂用户、懂产品、懂策划、懂文案、懂数据、懂生活、懂审美，等等。随着科技的进步，现在的运营工作还要求运营人员具有编程的能力，要学会 Python 数据分析和 SQL 常用语句。

要学习的知识和技能比较多，运营人员必须精通其中一项技能。这项技能可以是数据分析，可以是渠道引流，也可以是用户运营，等等。如果运营人员仅仅是懂运营的所有基本技能，而没有一项精通的技能，那么在求职的过程中很难找到一份称心如意的工作。

运营是一个理性和感性相结合的岗位。感性的人可以做好活动运营，可以做好用户运营，反而容易失去大局观；理性的人可以做好流程规划，可以做好数据运营，反而很难做成超出用户预期的活动和文案。很多时候，我们需要在理性和感性之间进行权衡。

做运营工作，要求我们一专多能，不但要精通运营技能，还要对数据敏感，热爱生活。为了成为合格的运营人员，我们在日常生活中要多观察，在工作中要多体验、多思考，丰富自己的阅历和头脑，让自己成为具备理性思维和感性思维的结合体。

1.3　运营岗位的分类

运营岗位被人为地划分了很多类，很多招聘岗位都带上了"运营"两个字。找工作的同学容易在渠道运营、用户运营、内容运营等运营岗位中出现选择困难，看着眼花缭乱的运营工作，到底哪一个才是适合自己的岗位？

仔细分析各大招聘平台的运营工作，大致可以分为三类：按产品分类、按技能分类、按职级分类。按职级分类，大概分为运营专员、运营经理和运营总监（COO）。各个职级对应的能力和要求在这里不做赘述，有兴趣的读者可以自行查看招聘平台的岗位要求。

刚进入运营行业的人员大多任职专员岗位，不知道如何选择按产品分类或按技能分类的运营岗位，如产品运营、内容运营、新媒体运营等。这一节可以解决刚入行人员的选择困难问题。

1.3.1 基于产品分类

从产品的角度分类，运营岗位可以分为平台运营、社区运营、生态运营、自媒体运营、公众号运营、抖音运营、电商运营、天猫运营、淘宝运营、京东运营及游戏运营等。运营岗位如此之多，你是不是更不知道如何选择呢？

我们看一下国内两家较大的招聘网站给出的运营岗位划分。图 1-1 是拉勾网对运营岗位的划分，图 1-2 是 Boss 直聘对运营岗位的划分。

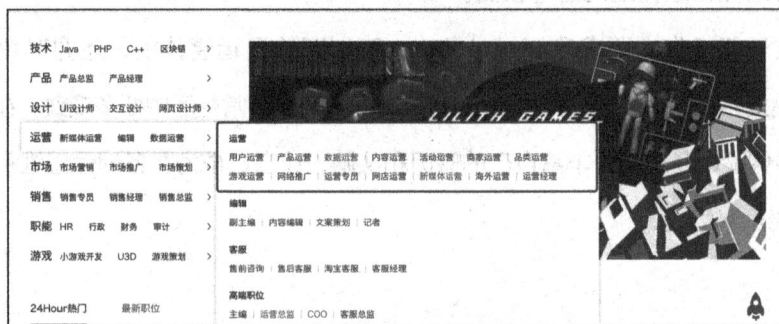

图1-1　拉勾网对运营岗位的划分

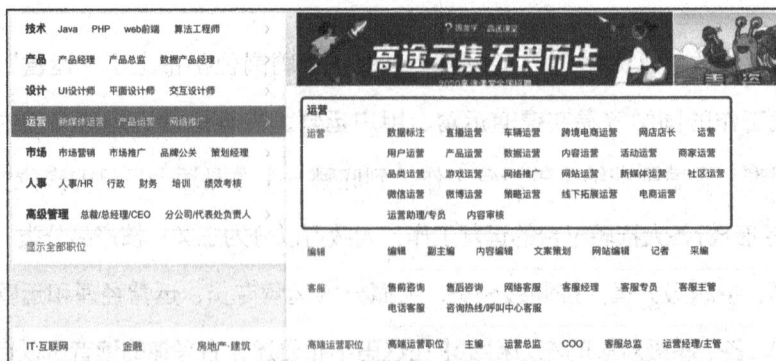

图1-2　Boss直聘对运营岗位的划分

看到招聘网站给出了不同的运营岗位分类，有些人更是困惑不已：招聘网站都没有统一的标准，还能期待企业给出非常合适的名称吗？

以产品运营岗位为基础进行细分，可以划分出许多不同的运营岗位。各个运营岗位之间需要做的基础性工作也无法完全划清界限，大部分按产品划分的运营岗位不外乎是在平台规则下玩转运营技能。这里给大家介绍相关的概念，详细内容将在第 3 章讲述。

看运营工作机会时，运营人员不要纠结于企业自有的 App 或网站，不要纠结于哪个平台的运营，而要看行业是否有前景、工作内容是否适合自己。值得注意的是，新媒体、电商、抖音等都只能算作第三方平台运营方式，而不能算作行业。

1.3.2　基于技能分类

按照运营技能划分就有章可循了，而且行业内也有统一的标准。运营岗位大致被分为 4 种类型：活动运营、渠道运营、内容运营和用户运营。现在有些企业又增加了数据运营的岗位。

按照技能分类，运营人员在找工作时就能有所侧重。如果你对数据敏感，善于从数据中发现规律，那就找与数据运营相关的岗位；如果你有很多稀奇的点子，常常能给人带来惊喜，那就找与活动运营相关的岗位；如果你喜欢写东西，那就找与内容运营相关的岗位。按照技能划分的各个运营岗位的详细要点，将在第 2 章讲述。

按照技能的分类也不太重要，它只是为了方便企业招聘合适的人才，方便运营人员选择适合的工作。

1.3.3　分类不重要

看了基于产品分类的运营岗位，基于技能分类的运营岗位，对运营岗位有了大概的认知，你可能还在纠结于选择哪个分类下的运营岗位比较好。是按照产品分类选择，还是按照运营技能分类选择？

其实，这两种选择都不重要。如果你已经选定了一家大企业作为目标，则在相对螺丝钉的岗位上根据技能进行选择，尽量选择与自身兴趣相匹配的岗位。

假如在众多企业中找一个运营岗位，这些分类都不重要，选择工作时要看行业前景，选择朝阳行业或可以持续发展的行业，比哪个分类下的运营岗位都重要。选择朝阳行业，借助整个市场的力量，运营人员相对容易做出成绩；选择夕阳行业，即使自己有想法、有能力，也不能挽救一个没落的市场。

任何运营工作都会夹杂着其他类别的运营技能，各种运营工作和运营技能之间存在一定的关联，没有办法分得特别清楚。尤其小企业以产品运营的岗位把你招进去，你会发现整个企业的运营只有自己一个人，渠道、文案、用户、新媒体、自媒体等各种运营技能和运营平台都是你一个人在负责，运营岗位就没办法划分得特别清楚。

总之，运营岗位的分类并不重要，运营人员在找工作时尽量要看企业规模或企业所在的行业，而不是关注人为对运营岗位的分类。

1.4　不是人人都能做运营

很多人认为运营工作是互联网行业中的低门槛职业，于是大家就说人人都能做运营工作，上到工作多年的人可以转行做运营工作，下到应届毕业生也能跨界做运营工作。

随着互联网野蛮增长时代的结束，进入精细化运营，大家开始对运营人员有了更高的期待和职场要求。

如果你仍然抱着人人都能做运营工作的想法找工作，在找工作的过程中很有可能就要碰壁。

1.4.1 如何转行做运营

很多朋友都想转行做运营工作，我遇到过有销售人员想转行、HR 想转行，甚至程序员、行政人员想转行做运营工作的情况。大家认为运营工作非常有趣，而且入行门槛相对较低，只要自己有想法就可以转行做运营工作。

现在流量越来越贵，运营人员越来越多，企业招聘运营人员是为了创造价值和收益，而且可以很容易招聘到有工作经验的运营人员。那为什么要招一个没有任何基础或只对运营工作有模糊认知的员工来做运营工作呢？因此，你在转行做运营工作之前，要判断自己是真正喜欢运营工作，还是喜欢自己所设想的美好前途。说到底，运营工作非常繁杂，而且运营人员要背负很强的 KPI。

微信公众号的口号是再小的个体，也有自己的品牌。我要说：任何个人都是一个产品！为什么不把自己当成产品来运营？你的目标是运营自己，载体是网站、公众号、自媒体等平台，方式是通过内容打动用户。

现在做网站不需要写代码，购买一个域名和支持 PHP 程序的空间，用 WordPress 很快就可以建立自己的网站。部署百度或友盟 + 统计代码，还可以锻炼数据分析的能力。

个人可以依照爱好注册公众号或自媒体账号。公众号和自媒体平台在表现形式上基本相同。公众号需要自己引流，而自媒体平台有天然的分发流量。如果你有精力，可以两个平台一起做。如今公众号和自媒体平台的数据统计功能做得很不错，你可以通过分析数据修改选题或内容风格，找出用户真正喜欢的内容。

当你开始运营自己时，多多阅读有关运营的内容，甚至学习 SEO 技能，这对你以后找工作都有好处。

如今，没有企业会为你热爱互联网的理想而买单。在转行做运营工作之前，你要先验证自己是否真正喜欢运营工作，为找到与运营相关的工作提前做好准备，以便获得一个更好的运营职位。

实践是检验真理的唯一标准。通过运营自己，你可以检验自己是否真正喜欢运营工作。大多数人在检验的过程中就放弃了，其实这是一件好事，避免了从事运营工作之后又开始后悔。

1.4.2 运营其实不简单

很多人兴高采烈地进入运营行业，然后垂头丧气地离开。运营并非互联行业中最简单的工作，而是比较难做的工作。

现在，越来越多的企业开始注重运营岗位。今后，产品同质化严重，运营人员会有更大的发挥空间。

假如运营人员仅仅做执行层的工作，确实很简单。但是，35岁以后由"00后"指挥干活，心里难免不平衡。恐怕许多企业也不愿意招聘一位年长的运营专员。

大多数运营人员还是希望得到升职，那么运营工作就真的不简单，需要考虑的事情有很多。每次拥有一个好的想法之后，都要找领导申请资源，还需要调动产品经理和研发人员配合你实现自己的想法。如果结果好，皆大欢喜；如果结果不好，大家会质疑你的能力。运营计划多次搞砸之后，就很难调动大家配合你的工作。

在运营工作中，如果万事俱备，只欠东风，也是皆大欢喜。而大多数运营工作在准备不足时，可能会被赶鸭子上架。无论是哪种情况，运营人员都必须对整个结果负责。面对不好的结果，在别人的质疑中完成整个计划的复盘工作。

运营人员不仅要面对他人的质疑，面对各种人教你如何做好运营工作，而且要有不断学习的能力，提高专业技能，扩大知识面。这样，你是否仍然认为运营是互联网行业中低门槛的工作呢？

1.4.3 如何面对质疑

大中型企业的各种运营条件相对成熟，运营人员做出好结果的可能性较大；小企业或大企业的孵化团队没有基础的运营条件，而且运营资源奇缺，运营人员经常做出不符合预期的结果，尤其是活动运营人员。

如果结果与预期不符，运营人员不要惊慌，可以暂时搁置其他人对你能力的质疑，先脚踏实地做好复盘工作，通过统计和分析运营过程中的数据判断哪个环节出了问题，需要优化；哪个环节做得比较好，需要继续保持，为下一次运营工作做准备。

运营人员不能为不符合预期的结果找借口，而是要基于数据统计分析实事求是地撰写运营计划复盘；不要将失败归结于环境或其他同事的不支持；敢于担当，与你协同配合的同事才不会后悔。

运营计划结束，无论结果是好是坏，运营人员最好请大家喝奶茶、喝咖啡或吃饭。毕竟大家都忙了这么久，表达一下自己的感激之情，方便以后更好地调动大家与你协同工作。

1.4.4 如何面对指点

从事运营、文案和设计工作的人，每天都会被指点很多次，尤其是从事文案和设计的人经常会遇到措辞修改、像素偏移一点等问题，最终大家都没有心情工作了。

运营人员在修改他人的作品时要注意收敛，尤其是对文案和设计人员的作品，修改不要超过三次。如果超过了三次仍然想修改，证明你前期考虑不够。如果结果不合格，则应学会承担责任，不能将原因归咎于文案和设计人员的能力不行。

运营人员要经得住别人的指点。其他人不会考虑前因后果和资源情况，只会按照自己的想法表达。学会倾听，不要打断别人的思路。假如他说得对，你就记下来；如果他说的是不可变因素的影响，听他说完之后，适当地对资源的匮乏和前因后果做简单的说明。学会对事不对人地讨论，切记不要因讨论事情而进行人身攻击。

面对他人的指点，送大家一句话：有则改之，无则加勉！

你还认为人人都能从事运营工作吗？假如你只是热爱互联网，那就很难把运营工作做好。时代在变，对运营人员的要求越来越高，乐观、感性和理性相结合。

1.5 如何看待运营与兄弟部门

运营人员有时无法区分与其他部门的关系。运营部有时会抢市场部的工作；有时会特别依赖推广部；有时把产品部当领导部门，有时把产品部当下属部门。初级运营人员难以把握与这三个部门的关系，一不留神就把自己当成了别人的下属。

许多企业没有独立的运营部，运营人员属于市场部或产品部。很少有产品经理属于运营部。更多的 COO 开始负责产品部，对于运营人员来说是一件好事。

1.5.1 运营部与市场部

运营部和市场部之间的关系相对明确，要么是 CMO 分管运营部，要么是 COO 分管市场部。一般情况下，CMO 分管运营部。

我在群里与朋友聊运营部与市场部的关系，一位朋友说，市场部负责花钱，运营部负责省钱。确切地说，市场部对品牌负责，而运营部对具体指标负责。

市场部负责品牌曝光、媒介关系、舆情控制、对外活动、媒体稿件、产品发布会等，其目的是提高产品的曝光率，但不负责具体的任务指标。

运营部负责内容生产与分发、活动策划与执行、用户转化与留存等，其目的是完成具体的业务指标。

1.5.2 运营部与推广部

运营部与推广部的关系还算清晰：推广部负责拉新，运营部负责留存率、活跃度、转化率等。

现在大多数推广部是运营部下面的渠道运营团队或市场部下面的推广团队。在运营工作还没有火时，大多数企业都有独立的推广团队。目前仍有一些企业保留了独立的推广团队。

推广部是一个真正花钱并带来流量的部门，常用的推广手段有 SEM、SEO、DSP、ASO 等。运营部需要将推广部获取的流量转化为业绩目标，常见的方式有内容运营、活动运营、用户运营等。

运营部与推广部的关系虽然明确，但是容易发生争论。流量质量决定了后续的留存率和活跃度，一个流程涉及两个部门就很容易引起争论。

由于时代的变化，在这本书中，一律用渠道运营代替推广部门。

1.5.3 运营部与产品部

运营部和产品部是一对冤家，难以撇清关系，最易产生争论。当数据好的时候，产品经理认为：这样好的产品，谁都可以运营好；运营人员认为：自己真厉害，这种产品都能运营得好。当数据不好的时候，产品经理认为：运营人员真没能力，这样好的产品都运营不好；运营人员认为：产品真烂，用什么方法都运营不好。运营技能在产品上落地，通过产品的用户数据或销售数据表明运营技能是否有效果。由于二者交集较多，因此争论也多。

运营人员只能通过运营技能调动用户使用产品，但无法让用户真正依赖产品，所以产品才是根本。即使运营人员很优秀，也无法把极烂的产品、落后于时代的产品运营好。猫扑和天涯的没落，实质上是时代抛弃了产品。

如今，更多的企业要求产品经理有运营思维。运营人员也需要对产品和产品经理的工作有所了解。假如你能匹配到很好配合的产品经理，可要好好地合作，两个人比较容易做出一番事情。

现在，你应该对运营工作有了一定的了解。运营的入行门槛很低，但要做好运营工作并不简单。运营人员需要好的数据证明自己的价值。选错了行业，就很难做出比较好的数据。选择朝阳行业，即使没有华丽的数据，运营人员在求职时由于行业本身的属性，也会比在衰落的行业更容易找到工作。

80% 以上的运营人员会平淡无奇，只有少数选择了合适行业的运营人员才能脱颖而出。未来，对行业的了解程度决定了运营人员是否出色。

第2章

技能是立身之本

刚开始工作的运营人员需要掌握较多的运营技能作为立身之本，在掌握足够多的技能之后，用方法论指导自己跨产品、跨行业做运营工作。运营工作按照运营技能可以分为内容运营、渠道运营、活动运营和用户运营，合格的运营人员必须了解这4种运营工作所需的全部技能，而且至少要精通其中一门。

2.1 内容运营

提到内容运营，你是不是想到写软文、文案和阅读量超过10万次的文章？但是，你考虑过应该如何写内容吗？你是否想过内容的价值是什么？为什么许多企业都设有内容运营岗位？

我从拉勾网上找到两个内容运营的岗位要求，如果运营人员没有接触过内容运营工作，可以通过这两个岗位的要求简单了解内容运营工作。

内容运营岗位（一）的职责要求：

（1）能独立完成公众号推文的选题、撰写与排版，通过数据分析制定调整方案，运营过公众号的优先；

（2）输出个号、社群及朋友圈内容素材，策划可在社群裂变传播的内容；

（3）通过多渠道内容的日常运维，达到服务好用户和销售转化的目的；

（4）协同各部门完成社群内容营销与推广等机动性工作；

（5）营销类短视频策划：喜欢看抖音的还不来试试？

内容运营岗位（二）的职责要求：

（1）借助现有得到内容和产品体系，通过运营方便用户做出订阅选择、使用便利，提升课程和其他内容的订阅量，尤其是使用率；

（2）主要还是服务于得到 App 的现有用户，激励已订阅用户对课程反复学习——提高打开率、使用率、分享率，提高未订阅用户向试读和订阅的转化率；

（3）具体运用手段包括但不限于对课程的重新包装、梳理、主题化、专题化、推荐、组合、热点运营、跨学科运营、跨用户群运营、跨产品内容线运营、用户的输入与输出。

从岗位（一）和岗位（二）的职责要求可以看出，内容运营工作不仅包括写软文、写文案，而且包括编辑公众号内容、制作裂变素材、提高打开率和使用率等。看了上述两个内容运营岗位的职责要求，你知道什么是内容运营了吗？你对内容运营的定位了解清楚了吗？

互联网上的一切呈现形式都可以称为内容，凡是与其相关的、为了提升业绩目标的技能都在内容运营的范畴之内。

2.1.1　一切呈现皆内容

互联网上的一切呈现形式都称为内容，文字、图片、音频、视频等都属于内容。内容运营涉及内容生产、内容编撰、内容推送、统计阅读量、计算转化率、分析用户评论、修改内容风格和呈现方式等。内容运营流程如图 2-1 所示。一切操作手段都是为了提高用户的打开率、留存率及付费率。

不同的平台对内容有不同的要求，因此产出内容的侧重点也要有所不同。在自建网站平台，文章要包含关键词，而且语句通顺；在自媒体平台，标题至关重要，可以通过仿写爆款文章产出阅读量超过 10 万次的内容；在短视频平台，内容运营偏重于脚本策划，通过出镜人把内容的核心思想表达出来；追热点的内容，需要把最新的热点事件通过聚合页面呈现出来，或者在自媒体平台写相关的内容争取更多流量。

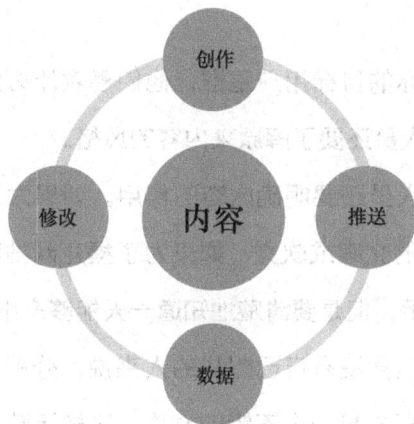

图2-1　内容运营流程

　　同样的岗位在不同的时代有不同的称谓。在内容运营岗位出现之前，内容编辑就是做与内容运营相关的工作。现在内容运营工作比较热的两个方向是短视频和新媒体。未来，随着热门平台的兴起还会出现新的方向。但是万变不离其宗，无论出现什么平台，从内容产出、内容推送、数据分析到修改内容风格的整个内容生产链路不会改变！

2.1.2　凡事预则立，不预则废

　　如果企业请你做内容运营的工作，如果你想通过内容运营自己，你会怎么做？立刻开始写作吗？我见过不少人要做公众号，写了第一篇文章，半年之后再问他："你还在运营公众号吗？"他说："没有，坚持不下去。"

　　部分企业也存在类似的情况，准备做内容运营时立刻招实习生写第一篇内容。一两个月后效果表现不好，领导开始思考是内容的选题方向错了，还是员工的能力不行，开始频繁地更换内容运营人员，结果是所有人都做不出效果。

出现以上现象的根本原因是运营人员在做内容运营前没有做好充分的准备工作。开展内容运营之前，运营人员需要进行内容定位、规划内容来源、制定运营计划，等等。

内容定位即明确你的目标用户是谁，他们喜欢什么内容。如果已经生产过相关的内容，运营人员还要了解原来内容的风格。

除此之外，运营人员还要明确内容的作用。如果为了转化用户，那只能通过自己产出高转化的文案或软文；如果为了提升网站的排名，可以做伪原创或把内容分包给写手，但是要清楚地知道一天能够产出多少篇内容。

对于一些对内容运营没有自己想法的人来说，分析竞争对手最近的 100 篇内容并写一份分析报告是一个不错的方法。这样运营人员对内容运营一定会形成自己的想法和计划。

2.1.3　内容：与用户沟通的唯一方式

运营人员如何在产品上与用户进行有效的沟通，把话说到用户的心里？内容是唯一的方式——通过宣传广告引导用户使用产品，通过文字、图片、音频、视频让用户依赖产品。

在通过内容与用户沟通的过程中，运营人员要始终围绕用户的需求、痛点来设计内容、配图和视频，切忌按照自己的想法做内容运营。在我之前运营某款工具类产品的初期，后台数据反馈用户安装后 3 分钟内的卸载率很高。我们按照使用流程分析用户的行为数据发现，产品需要运行 3 ~ 5 分钟才能产生效果，而用户期待安装后立刻看到效果，导致用户以为安装的产品有缺陷，于是卸载了产品。为了解决这个问题，我们在产品安装后加了一句提示语："等待 15 ~ 30 分钟，您就能看到效果。"因此，用户的留存率从 60% 提升到了 95%。

在通过内容与用户沟通的过程中，运营人员还要合理地控制用户的预期，切记不要为了注册量而盲目地提升用户的期望值。在运营另一款产品时，由于我们在宣传时用了 AI、神器等夸张的词语，这些文字提高了用户对产品的期望。部分用户在使用后认为产品没有达到心中的预期，网上出现了不少关于产品的负面评价，这给后期运营工作带来了不少麻烦。

2.1.4 高转化内容的写作技能

你可能认为，只有文科生或顶级的广告专家才能写出高转化内容。其实，普通的运营人员掌握必要的写作技能，稍加练习就可以写出不错的转化内容。

在写高转化内容时，运营人员一定要知己知彼。"知己"即非常熟悉自家产品，知道自家产品的卖点和缺点，知道同类型产品的优点和缺点；"知彼"即清楚地了解目标用户的痛点和兴奋点，洞察目标用户的日常行为并找到可以植入产品的场景，使用目标用户能够理解的语言进行描述。

了解用户的方法有很多，常用的有问卷法、座谈法及访谈法。运营人员需要先思考提问的方向，设计问题大纲，然后对用户进行调研。我喜欢先访谈从业 3 年以上的资深用户，深度了解行业和目标用户，然后用问卷法或座谈法进行定量的数据调研。

有一次，我需要了解燕窝的目标用户怎么吃燕窝，对于买燕窝有什么痛点。燕窝的目标用户属于小众人群，没办法使用问卷调研法。经过朋友介绍，我认识了一位从事燕窝行业 10 年的朋友。通话 1 个小时后，我基本了解清楚了燕窝的目标用户。

用户访谈容易得到带有被访谈者主观色彩的内容，因此至少访谈 5 位资深用户才能全面了解行业和用户，避免陷入个人主观建议的误区。

运营人员对被访谈用户给出的人群画像进行分类，针对分类用户做问卷调研或查找相关文献，不仅可以得到清楚的用户画像，而且可以清楚地了解目标用户的痛点、兴奋点、使用产品的目的。

在网上做调研问卷不要把链接发往朋友圈，我相信你曾经遇到在朋友圈或交流群中请求帮助填写调研问卷的情况。暂且不说能够回收多少份问卷，对于有特定人群的产品，目标用户一定找错了，回收的问卷也就没有价值。

你也许不知道把调研问卷发往哪些渠道。我常用两种渠道：找到目标用户的 QQ 群和微信群，在群里发调研问卷的链接，顺便发个红包；在垂直论坛发布投票形式的帖子，不违规，不被删除，只是更改了调研问卷的形式。

如果产品有较大的流量池，可以通过 A/B 测试、用户内部调研和用户访谈 3 种方式深入了解用户的需求。大流量的产品一般有完善的用户数据统计和分析功能，足以支撑运营人员的日常需求。

在产品推向市场的前期，运营人员通过访谈法和问卷法获得数据，可以知道用户关心的方向，写出高转化的内容。

运营人员深入了解目标用户的需求，对产品的优点和可提炼的卖点了如指掌。如果你对提炼产品的卖点没有思路，可以从原料、工艺、功效、价格、销售模式、服务、销量、专利、认证等方向切入。

原料方向可以从产地、时间和技术进行切入，特别是有地域优势的产品，如贵州茅台酒、五常大米等。现在越来越多的产品开始把地域当作卖点。

工艺方向可以从制作人、制作原理、制作配方和技术进行切入。把制作人当作卖点的产品有 8 位制茶大师的小罐茶，有名师的培训机构；把配方当作卖点的产品有地方名吃；把技术当作卖点的产品有科技企业产品和汽车。

功效方向可以从见效速度、使用范围、使用后的效果切入。使用后经常与使用前进行效果对比，常见案例有防晒霜、减肥药等。

价格方向可从产品价格便宜和产品价格稍贵但性价比较高切入。价格便宜就是独特的卖点，价格稍贵的产品可以体现功能多或功效全面。

销售模式方向的切入需要分析竞争对手。如果竞争对手是纯线上销售，线上线下相结合就是一种优势；如果竞争对手是代理商模式，那么厂家直销就存在相对优势。

服务方向的切入也要分析竞争对手。如果竞争对手送货到小区，送货上门包安装就是一种优势；如果竞争对手有 7×12 小时售后服务，7×24 小时售后服务就是一种优势。从服务切入的产品以大型家具、家用电器居多。

销量方向的切入分两种。如果产品的销量高，就可以突出销售量，例如，手机行业的厂家经常在媒体平台宣传自家产品的销量第一；如果产品的销量不高，就可以通过回头客多塑造热销的现象。

专利和认证方向的切入需要有证明材料，把获得的相关证书作为强有力的证明。如果证书比较小众，就需要给用户普及证书的权威性。

运营人员有了卖点的切入方向，接下来就可以梳理产品的卖点。运营人员还需要把产品的优势卖点通过 FABE 法则转化为用户可感知的利益点。

F（Features）：产品固有的属性，本节中卖点切入的方向都属于 F。

A（Advantages）：与同类产品相比可以体现的优势，或产品独有的特点。

B（Benefits）：产品优势能给用户带来的利益。

E（Evidence）：产品优势的证明材料。

我运营的智能推荐产品，底层使用了 AI 技术，属于 F；与同类产品相比，我们的推荐结果更准确，属于 A；推荐结果准确之后，内容的点击率就会提高，单个 UV 的价值也会提升，平台可以收到更多的广告费，属于 B；分配 10% 的流量进行测试，点击率和广告收益高于客户原有的推荐方式，属于 E。

通过 FABE 法则提炼产品的卖点，对写文案、软文及策划视频都有帮助。FABE 法则提炼表格如表 2-1 所示。

表2-1 FABE法则提炼表格

产品	序号	目标人群分析	产品属性（F）	优点（A）	好处（B）	信任状（E）
	1					
	2					
	3					
	4					
	5					
	6					
	7					
	8					
	9					

运营人员只了解产品和用户群体，不能策划出从竞争对手那里抢用户的内容。因此，在内容制作过程中，运营人员还需要了解竞品的优缺点及内容的呈现方式。

运营人员可以利用搜索引擎或数据采集工具获取竞争对手的内容并进行拆解，了解竞品页面呈现的优点、内容措辞及对用户心理的把控，然后改进卖点的表述方式。

梳理用户、产品和竞品内容之后，运营人员要使用目标用户熟悉的语言组织内容。对于下沉市场的用户，避免使用晦涩难懂的专业术语；对于技术人员，要使用专业术语，不然会被质疑技术能力；对于领导，需要罗列较多的流行名词，以此证明自己有真才实学。

对于文章标题的写法，了解用户的需求之后，我常常采用"痛点＋解决方案"的公式来写标题。这类标题的打开率相对高一些。这里列举以下3种常用的标题写法：

（1）锦囊型标题：前面描写具体问题，后面给出解决方案；

（2）惊喜优惠型标题：写出产品的亮点和明确的低价；

（3）反转型标题：前面写糟糕的开局，后面是完美的结束。

对于转化类型的软文，我认为文章可以分为4个大的模块：吸引注意、制造需求、解决信任及催促下单。

文章开头需要吸引读者注意，有很多种表达方式，而且是最难写的模块。我经常用场景化描述用户的痛点，使用户产生共鸣并有持续读下去的欲望。

从转化内容生产流程（见图2-2）中可以看出，制造需求和解决信任之间是一个循环。制造需求是指将提炼的产品卖点贴合用户的生活场景，不断用场景化痛点刺激用户的购买欲望。解决信任是指通过材料证明卖点可以在场景中解决用户的痛点，赢得用户的信任，为下单做铺垫。

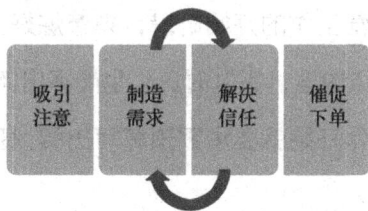

图2-2 转化内容生产流程

催促下单常采用限时、限量或限时送礼品的方式。例如，今日下单送1000元礼包，折扣价一共200份，等等。

总结来看，运营人员写出85分的内容并不难，但是从85分提升到90分就略有难度。95分的内容需要有灵感的人才能写出。

写出高转化的内容，除了要求运营人员具备对用户、产品和竞品做深度了解的硬性技能，还要求运营人员在日常生活中寻找写作的灵感，平时多读书，注意积累写作素材。

2.1.5　内容运营：持久战

内容运营不同于渠道运营中的付费推广，不会一蹴而就。运营人员需要长时间地积累素材，持续输出内容，不断地与用户互动。所以，做运营计划就非常有必要，而且要规定好内容矩阵和发布内容的频率。

一些管理者被网络上零预算做内容运营的软文洗脑，要求内容运营人员零预算写出阅读量超过 10 万次的文章，零预算使自媒体账号涨粉数万。如果你遇到了这样的管理者，还是准备换一份工作吧。

现在流量越来越贵，用户的时间越来越碎片化，而且内容同质化严重，零起步打造阅读量超过 10 万次的内容不会一蹴而就。如果平台有大量的用户，通过置顶内容就可以打造阅读量超过 10 万次的内容。例如，《人民日报》的公众号有几千万粉丝，其中文章的阅读量篇篇都超过 10 万次。

运营人员在内容运营工作的开始阶段，先磨炼好写作能力，洞察用户的日常生活，善于利用热点内容，假以时日，也能写出阅读量超过 10 万次的内容。但是，内容运营工作开始就要求零预算写出阅读量超过 10 万次的内容，那就太不合理了。

从内容到爆款内容，从内容到品牌化，从内容到转化，有很长一段路要走。管理层应该给新项目一些机会，运营人员踏踏实实地写好每句话，懂得借用外部力量提高内容的曝光率。通过工作的磨炼，在不久的将来，你也能写出阅读量超过 10 万次的内容。

2.2 渠道运营

从渠道为王到内容为王，再到用户体验为王，无论互联网的重点形式如何改变，渠道运营技能对于运营人员而言都是不可或缺的。对于新产品，渠道运营工作尤为重要。对于一些小企业，渠道运营人员就是生存的希望。

技能是立身之本

2.2.1 渠道的分类

互联网的渠道有很多，到底哪个渠道对于产品的价值最高？运营人员要了解互联网渠道的分类，提高自己对渠道规则的理解，这样可以更快地为产品选择合适的渠道。

按照企业已有的渠道，可以分为内部渠道和外部渠道。内部渠道的用户资源掌握在企业自己手里，企业不需要充值费用就可以投放广告，如企业固有的App、公众号、小程序等。内部渠道还有更时髦的称谓——私域流量。外部渠道是指不掌握在自己手里的流量，可以通过操作技能提升产品的排名，也可以通过充值之后操作第三方平台提升产品的排名，如SEO、SEM、ASO、DSP等。

按照渠道特性可以分为搜索流量和分发流量。搜索流量是指用户搜索关键词检索程序中的内容或快照，通过权重算法计算排序并展现给用户。常见的搜索流量有百度搜索、360搜索等，属于被动展现方式。因为平台通过用户触发关键词得到流量，所以目标用户更加精准。分发流量是指通过推荐引擎按照一定的算法规则把内容主动地推送给用户。常见的分发流量有自媒体平台和DSP广告平台，属于主动展现方式。如果推荐引擎算法不成熟，点击率就会很低，而且难以形成转化。

按照是否付费可以分为免费渠道和付费渠道。免费渠道通过发表内容并使用操作技能提升内容展示次数，其中的代表有SEO、论坛、自媒体等；付费渠道需要充值之后才能展示内容，其中的代表有SEM、广点通、巨量引擎等。免费渠道需要高质量的内容获取流量，而且见效慢，不足以支撑大中型企业的运转。现在各个平台的规则不断完善，免费流量的获取难度逐渐增大。付费平台需要做好落地页并充值相关费用才能获取流量，而且见效快。但是，现在获取单个流量越来越贵，因此运营人员需要核算ROI做精细化投放，把流量价值最大化。

2.2.2 常用渠道详解

运营人员经常接触的渠道有 SEO、ASO、SEM、DSP、EDM、问答、论坛、B2B 和电商等。电商是综合性的渠道，例如天猫、京东都包含平台自身的 SEO、SEM 和 DSP。如果运营人员想要快速了解主流渠道的规则和玩法，我建议注册天猫或京东店铺，充值并测试投放，快速研究渠道规则。这样可以学会主流渠道的操作思路并掌握其规律。

SEO（搜索引擎优化）

SEO 是指通过特定的操作技能提升关键词在搜索引擎中的排名，从而获取流量。SEO 属于被动渠道，用户主动搜索后，关键词才有展现的机会。在国内，渠道运营人员主要通过研究百度 SEO 的规则来做关键词排名。百度每年会发布 1 ～ 2 次搜索指南白皮书。在百度搜索结果展示中，页面上有 10 个自然搜索位置，在右下角带有广告字样为 SEM 的竞价广告展示位置。

渠道运营人员操作 SEO 之前，需要先对网站进行定位，通过 5118、金花站长等工具采集关键词，把采集到的关键词分为核心词、一级词、二级词、长尾词和相关词，构建网站内容的关键词库。

核心词布局在网站首页的 TDK（Title、Description、Keywords）中，一级核心词布局在栏目页的 TDK 中，其他一级词、二级词、长尾词和相关词布局在文章的 TDK 和内容中。虽然百度搜索部门一再强调 Keywords 已经"没有"价值，但经过测试 Keywords 对于搜索的结果展现还是有一定作用的。

网站页面结构推崇 F 型架构。相比其他页面架构，F 型架构更符合用户的浏览习惯，在用户体验上更胜一筹。网站还需要做404、301、首选域和robots协议等细节工作，这些细节的操作流程在这里不做赘述，想要了解的读者可以在百度中搜索对应的关键词得到解决方案。

SEO的操作重点是在网站的内容中合理地布局关键词，在文章的TDK中嵌入关键词，在关键词第一次出现时需要用标签加粗。同时，文章中还需要插入其他关键词对应的超链接，链接到网站的其他内容页或首页。在SEO工作中，这些超链接又被叫作内链。一般来说，整个网站的关键词密度建议控制在3%~8%。在文章发布后，运营人员要做好关键词和对应链接的记录，方便以后在文章中插入超链接。

外链是指通过在他人的网站发布内容并插入锚文本的超链接，指向自己网站的首页或内容页。发布外链时一般遵循"二八法则"，即20%的超链接指向网站首页，80%的超链接指向网站内容页。运营人员通过超链接的方式可以把别人网站的权重传递到自己的网站。如今，由于各个平台严格限制外链，运营人员可以与相同行业的网站交换友情链接实现权重传递。友情链接大多指向双方的首页，如果对方是权重较高的大站，那么可以用首页与对方的列表页进行交换。

内链和外链都是通过锚文本传递权重。虽然百度搜索部门一再弱化外链的作用，甚至对外宣布外链没有了作用，但是到目前为止，外链在SEO排名中依然发挥着比较重要的作用。

总体来看，影响SEO排名的因素有180多条，而内容布局、关键词词库、内链和外链占到80%以上的权重。再做好404、301、首选域、robots协议、关键词密度和网站打开速度等SEO细节工作，影响SEO排名的因素权重已经操作完成了90%。其他影响因素，如大站优先、阿拉丁优先和老域名优先等，已经不是渠道运营人员可控制的变量。运营人员在操作关键词排名时，把可控变量做到极致，忽略不可控变量的影响，一般能获得不错的结果。

SEM（搜索引擎营销）

SEM 是指在平台充值后操作出价和匹配方式，提升关键词在搜索引擎中的排名。SEM 也属于被动渠道，充值并出价之后关键词就有展现的机会。常见的 SEM 渠道有百度竞价、360 竞价、搜狗竞价、Google 竞价，以及淘宝直通车、京东快车等。下面以百度竞价为例进行讲解，其他 SEM 渠道的整体操作流程与百度竞价操作流程基本一致。

SEM 的操作流程并不复杂，如图 2-3 所示，其重点在于账户搭建和数据分析。其中，关键词的操作要点为关键词拓展和关键词分类；账户结构的操作要点为搭建计划和单元及设立监控文件夹；关键词参数的操作要点为匹配方式（广泛匹配、短语匹配、精准匹配）、出价和否词；广告创意的操作要点为撰写优质创意、通配符和创意飘红；推广的操作要点为设置预算；数据分析的操作要点为通过分析数据得出关键词的表现结果；优化账户的操作要点为根据数据分析关键词的表现并进行优化，删除表现不好的关键词、降低出价或收缩匹配方式，继续维持表现好的关键词或放宽匹配方式，并且在计划中添加新拓展的关键词。

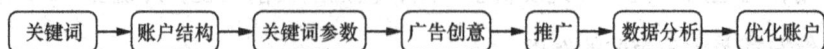

关键词 → 账户结构 → 关键词参数 → 广告创意 → 推广 → 数据分析 → 优化账户

图2-3　SEM操作流程

运营人员在拓展竞价关键词时可以利用百度竞价后台的关键词规划师工具，按照产品词、品牌词、行业词、竞品词、通用词进行拓展。产品词和行业词需要做深度拓展。例如，以"运营"为关键词，通过"运营"拓展出的关键词结果包含新媒体运营、电商运营等，如图 2-4 所示；针对"新媒体运营"这个词继续拓展，拓展出的关键词结果包含"新媒体是什么""新媒体运营是什么"等，如图 2-5 所示；以此类推，我们还可以针对"新媒体是什么"这个关键词继续拓展。此类操作就是深度拓展。

关键词	类型	指导价	整体周均搜索量（次）			竞争激烈程度	
			整体	移动	计算机		
运营是做什么的	计算机热词,…	3.13	16324	13930	2394	13	›
运营	计算机热词,…	1.71	15652	8099	7546	15	›
新媒体运营	计算机热词,…	2.03	15092	8841	6251	17	›
电商运营	计算机热词,…	4.57	8043	4725	3318	20	›
运营培训班	计算机热词,…	0.61	6440	6335	98	26	›
社群运营	计算机热词,…	1.1	5838	2870	2968	18	›

图2-4　"运营"关键词拓展结果展示

关键词	类型	指导价	整体周均搜索量（次）			竞争激烈程度	
			整体	移动	计算机		
运营	计算机热词,…	1.71	15652	8099	7546	15	›
新媒体运营	计算机热词,…	2.03	15092	8841	6251	17	›
新媒体	计算机热词,…	0.86	14469	6678	7784	13	›
新媒体是什么	计算机热词	1.78	3773	2996	770	5	›
新媒体运营工作是什么	计算机热词	2.95	3339	2485	847	8	›

图2-5　"新媒体运营"关键词拓展结果展示

把拓展出来的关键词放在表格中去重并分类，可以分为疑问词、地域词等。产品词可以细分为"产品＋疑问词""产品＋地域词"；细分词可以继续拆分，例如，"产品＋疑问词"还可以拆分为"产品＋好不好""产品＋多少钱""产品＋怎么用"等公式，找到公式中相同的词组，可以使用关键词快速分组工具进行快速分词。关键词快速分组工具是带有宏的 Excel 表格，界面如表 2-2 所示。

表2-2　关键词快速分组工具

清空首列	清空内容	快速分组	待分关键词0个 已成功分组0个 未完成分组0个	注：以下词根按照优先级重要程度从左至右，"词根"可根据自身需	
运营官张沐					
关键词（复制关键词到下列）	未分组词		运营	新媒体运营	

运营人员可以按照关键词的大分类、小分类划分账户结构中的推广计划和推广单元，其目的是为了方便写出优秀的创意。运营人员还可以设立监控文件夹，关注账户中的重点关键词。竞价账户结构如图 2-6 所示。

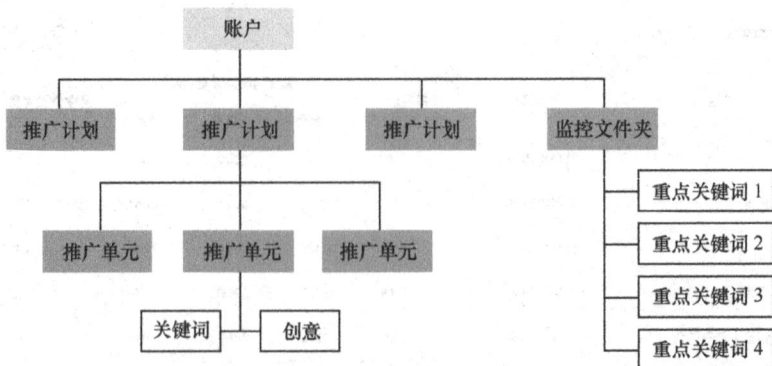

图2-6　竞价账户结构

运营人员可以在账户、推广计划、推广单元中分别设置预算、地域和时间，根据自己的需求、用户的分布地域和上网时间进行设置。刚接触渠道的运营人员没有必要深究预算在哪个层级先生效，我建议把预算、地域和时间设置在单元层级，避免多层级设置给自己造成困扰。运营人员还要在账户和推广计划中设置预算，避免遗漏某个单元而导致花钱过多。

关键词的匹配方式分为广泛匹配、短语匹配和精准匹配，短语匹配又分为精确包含、同义包含和核心包含，我建议使用短语精确包含或同义包含。预算充足的情况下可以开启重点词的广泛匹配，预算比较少的情况下建议开启精确匹配。

出价是运营人员比较头疼的问题。常用的出价方式有两种：从低到高出价和从高到低出价。从低到高出价是指按照系统建议价格的三分之二出价，如果展现过少则以 10% 递增出价；从高到低出价是指按照系统建议价格出价，后期可以根据展现情况以 10% 递减出价。对于渠道运营新手而言，一般采用从低到高出价，预算充足时可以采用从高到低出价。

一些关键词对于业务没有价值，但是由于匹配方式的原因总会被触发，这类词通常都放在否词中。针对否词，一般情况下，运营人员可以开启短语否定或精准否定，具体视业务情况而定。

对关键词进行细分是为了方便搭建账户结构和撰写创意。在竞价操作中存在黄金账户结构：每个单元不超过 20 个关键词，按照单元特征单独撰写创意；每个单元至少有 3 条创意，每个关键词都要有展现（可以通过提高出价获得展现机会）。在实际工作中，如果账户一共有几百、几千个关键词，可以采用黄金账户结构。如果账户有几万、几十万个关键词，那就不适用于黄金账户结构。通常来说，核心关键词可以采用黄金账户结构，长尾词按照意思相近划分成不同的单元。

根据单元中的关键词写创意时，可以参照 2.1.4 节的内容，通过突出产品优势、企业优势或描述中包含优惠等吸引用户注意。一般一个计划中需要有 3

条创意，每条创意中最好配上 3 张图。在标题和描述中选用最长的关键词作为通配符默认关键词，从而增加飘红的概率，或者使用平台推出的最新样式吸引用户注意。每个创意的落地页 URL 都要带有特殊的标记，一般通过 "？"传递参数，方便统计用户数据，追踪用户行为。

此外，一般会把消费比较高的核心词和质量度比较低的核心词放在监控文件夹。它与推广计划是并列关系，不会对推广计划产生影响，只是方便运营人员查看重点关键词的表现，利于运营人员优化账户。

账户正式投放后，运营人员需要每天分析产生的数据，根据数据表现情况，3 ～ 5 天优化一次账户。在竞价中，通常使用 Excel 表格分析数据，常用的两个重要功能是 VLOOKUP 函数和数据透视表。通过数据分析，运营人员可以增删关键词、更改匹配方式、修改出价和创意，以及优化落地页，围绕 ROI 优化账户。数据分析的步骤将在第 6 章进行详细讲解。

竞价账户中的关键词还存在质量度的概念。质量度是平台给关键词的综合打分，代表用户体验度。我们可见的最高分是满分 10 分，10 分的背后又是一套复杂的计算逻辑。影响质量度的因素有点击率、创意相关性、落地页体验和账户历史表现。其中最主要的因素是点击率，其次是创意相关性和落地页体验，而账户历史表现属于不可控因素，暂不考虑。在竞价系统中，相同关键词没有相同的质量度，所以 10 分并不是终点。

只要渠道运营人员做到以用户为中心，通过数据反馈把可控因素做到符合用户预期或符合系统需求，围绕转化率不断地优化账户，在合理的范围内出价，一般都能达到或超过业务需求。

DSP（广告需求方平台）

DSP 在分发机制上类似于智能推荐系统，主动把广告推送给目标用户，按照圈定的人群精准地实施竞价策略（RTB）。如果用户有相关内容的浏览行为或类似内容的点击行为，或用户在圈定的人群画像中，都会被系统判定为目标用户。常见的 DSP 平台有百度网盟、广点通、巨量引擎、粉丝通，电商平台有钻展、精准通，第三方平台有聚告等。

DSP 中没有关键词的概念。运营人员准备好素材，设置好定向条件和出价，DSP 平台就可以开始投放广告，运营人员的工作也随之调整为数据分析、账户优化等。

DSP 整体投放流程如图 2-7 所示。有些平台还会有计划组的概念，运营人员在计划中设定定向条件、人群、资源位和预算，然后上传素材，开始投放，最后分析已有数据并优化账户。

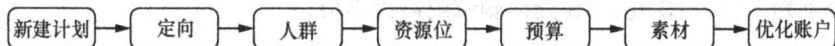

图2-7　DSP整体投放流程

DSP 账户结构如图 2-8 所示。DSP 的账户结构比 SEM 的账户结构易于理解，但是 DSP 的目标人群精准性不如 SEM，所以对于创意有更高的要求。

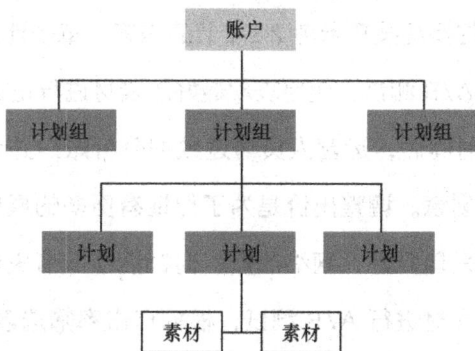

图2-8　DSP账户结构

计划中包含定向人群设置、投放地域选择和投放时间设定。定向人群可以选择已有的人群数据包，也可以根据设备信息（安卓或 iOS）、性别、年龄、地域、兴趣爱好和行为信息（查看商品、加入购物车）等自定义人群数据包。资源位包含站内、站外的媒体类型和广告的投放位置，媒体类型包含军事、社会、娱乐、八卦等，投放位置包含文章内页信息流、App 开屏和视频贴片等。

运营人员可以通过设置预算控制每天的花费，投放形式可以选择均匀投放和快速投放，一般选择均匀投放。出价可以采用固定出价和阶梯出价。固定出价是指根据系统建议出价的 70% 开始投放，以每次 10% 的涨幅递增出价；阶梯出价是指开启三个测试计划，计划中的定向条件、人群、资源位和素材全部一致，只是出价不同。例如，系统建议出价为 10 元，这三个计划出价分别为 5 元、10 元、15 元，测试出最优出价。

扣费模式有 CPM 和 CPC 两种，运营人员根据自己的操作习惯选择适当的扣费模式。我建议渠道运营新手选择 CPC 出价方式测试渠道点击率和扣费，这便于对渠道的管理。

DSP 中最重要的环节是素材。运营人员需要根据目标人群设计吸引人们注意的素材，素材的撰写技巧参考 2.1.4 节的内容。每个计划中至少需要设计出 3 组素材并进行 A/B 测试，使用表现最好的素材进行正式投放广告。

广告投放一段时间后，运营人员通过数据分析账户并进行调整，主要调整的节点有出价、创意。调整出价是为了保证有更多的展现量。运营人员可以根据目标人群的兴趣爱好、网络热点、促销活动或节庆日等选择合适的创意类型，对所有的素材进行 A/B 测试，根据点击率筛选素材。素材确定后，如果有网络热点或节日来临需要更新素材，那么再次对素材进行筛选。素材的替换流程如图 2-9 所示，一直优化素材到 ROI 达标或超预期完成业务目标。

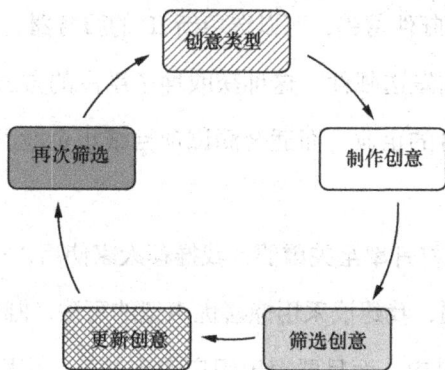

图2-9　素材的替换流程

DSP 平台中投放计划的落地页 URL 也需要做好唯一跟踪参数，方便数据统计和分析工作，根据数据表现有针对性地优化账户。

EDM（邮件营销）

EDM 是指通过邮件触达目标用户。有的运营人员认为，EDM 在 2015 年之前效果还是可以的，目前效果大打折扣。事实确实如此，有些邮件平台还会把营销邮件当作垃圾邮件处理。但是，邮件平台大多不会拦截注册邮件和订阅之后的活动邮件。而且，大企业之间有互相认可的域名（又叫"绿条"，简单地理解即服务器的白名单），它们之间互相发送的邮件不会被拦截。

运营人员可以寻找一些新开 IP 的服务器，也可以用 Python 或专门的软件搭建邮件服务器。一个 IP 绑定 100 个域名，1 个域名对同类后缀的邮箱发送 10 封邮件，这样每个 IP 每天可以发送 1000 封邮件且不会被平台拦截。

EDM 营销有两个作用：种子用户的获取和订阅用户的活动通知。目前大多数邮件服务商发送触发行为的注册类邮件或为订阅用户发送活动通知的效果还可以，但是，如果通过邮件营销获取种子用户的操作流程不对，则效果可能不好。

获取种子用户的邮件营销，可以选用新 IP 的服务器，自己搭建邮件服务，找到目标用户，定向发送邮件。这种获取种子用户的方式不适合大企业或在营销策略上高举高打的企业，而适合测试项目或小企业，具体操作流程会在2.2.3 节详细讲解。

邮件的标题对于打开率至关重要，我推荐大家使用 2.1.4 节中的标题写法。针对活动类型的标题，我建议采用惊喜优惠型的写法。邮件的内容不要过长，尽量控制在 300 字以内，而且要突出用户的利益点，引导用户点击链接注册或下载应用，而且链接需要带有具体的参数。

问答平台

问答平台属于搜索流量，常用的操作方式有自问自答和回答别人的问题。自问自答需要大量的账号，而问答平台的账号已经形成了产业链。

自问自答时，在问题中布局关键词是重点。回答别人的问题要真正解答疑惑，并在答案中插入品牌名或产品名。由于各个平台严格限制外链和联系方式，因此，问答平台多用来塑造口碑或提升产品知名度。

百度知道属于阿拉丁产品，关键词排名比较高。知乎平台的流量较大，在知乎上发布高质量的答案、打造个人 IP 或带货很有价值。渠道运营人员可以优先考虑这两个渠道，把问答平台作为内容营销布局、舆情控制或流量来源的重要阵地。

论坛

现在论坛渠道的效果不如其他平台，但是，垂直论坛还有大量的精准流量。运营人员可以选择垂直论坛或垂直 App，豆瓣社区、小红书 App 也可视为另一种表现形式的论坛。

论坛的操作要点在于内容的布局和顶帖的技能。运营人员写好高转化的内容，通过顶帖技能一直让内容在首页展示，争取更多的曝光量，吸引更多的用户。

在我之前运营智能推荐产品时，产品的目标用户是站长群体和开发者。当产品还处于概念阶段时，我在垂直的站长论坛里发了两条帖子，主要讲述产品的未来形态。通过这种方式，在三天的时间里吸引了 60 多位极度忠实的种子用户。小米也是通过论坛发帖吸引到第一批种子用户的。

垂直论坛的用户比较精准，可以用来做品牌宣传或用户引流。一些成立比较早的论坛权重相对较高，帖子的关键词在搜索引擎中排名也不错，还可以用来做舆论引导。

B2B（行业网站）

B2B 的平台适合直接售卖实体产品，代表平台有 58、赶集、百姓网等。2018 年百度推出"爱采购"，本质上还是看中了 B2B 平台的红利。

运营人员可以在 B2B 的网站上发表传统行业产品的内容。当初做变压器的产品时，我就把产品信息发在 B2B 的网站上，每天能获取 5 ~ 10 条线索，而且还能成单。

B2B 平台的操作重点在于在标题中布局长尾关键词，从而占据搜索引擎的排名和平台的搜索流量。我建议传统行业的运营人员布局"爱采购"或较大的 B2B 平台。

电商

电商是综合性平台，渠道包含 SEO、SEM、DSP 及内容平台。

以淘宝平台为例，平台包含淘宝平台 SEO、直通车（SEM）、钻展

（DSP）；内容方面包含微淘、淘宝头条、有好货、必买清单；分销方面包含淘宝客和淘小铺。所以，电商平台是渠道聚合型的超大平台。

产品的交易量和评论反映了产品主图、详情页、产品和服务是否符合用户预期。电商平台希望产品能够大卖，所以产品一定是第一位的，而SEO、直通车、钻展和内容只是引流的渠道，产品详情页决定了流量能否转化。

淘宝平台SEO与百度SEO的侧重点有所不同，但本质上是考察对排名影响因素的优化程度。淘宝平台SEO考察销量、评价、下架时间等，以销量和评价为主。直通车和钻展的操作方式，可以参考SEM和DSP的操作方式。内容制作可以参考2.1.4节的内容。

2.2.3 如何选定可用的渠道

每个平台都可以算作一个渠道，因此互联网的渠道多到数不过来。那么，企业如何根据自己的产品特性，从众多渠道中选出合适的渠道呢？

运营人员可以从产品属性、用户属性、掌握情况、时间周期4个维度进行考量。

对于推广App来说，SEM就不是好渠道，因为没有根据自己的产品特性选择合适的渠道。根据用户下载App的习惯，App最好的推广方式是ASO（应用商店的优化），也可以通过DSP方式投放，根据用户属性选择渠道对应的用户数据包投放广告。

每个产品都能筛选出很多可以投放的渠道。首先，运营人员要考虑对渠道的掌握情况。按照满分5分对渠道进行打分，5分的渠道优先测试，3分以下的渠道先学习和了解，然后进行测试。如果运营人员对渠道的理解不够全面，觉得付费渠道花钱就可以，并没有什么难点，那么暂时不要开始测试渠道。在这种状态下盲目上手测试，效果一般不好。其次，运营人员要考虑渠道的规模和见效周期。如果企业短时间内需要获取大量用户，运营人员就要对渠道有合理的预期，清楚地知道通过渠道每天可以获取多少个用户，渠道的见效周期是多长，是否能满足当前的需求。最后，运营人员要考虑投入成本。投入成本根据企业或自己能够调配的资源进行估算，确保在当前的预算之内。

对以上 4 个方面进行深度思考后，运营人员才能决定渠道是否可以进行测试，而不是头脑一热就测试渠道。

在日常工作中，我整理了渠道测试表格，如表 2-3 所示。

表2-3　渠道测试表

渠道名称	掌握情况	投入成本	时间成本	获取规模	是否可测试
SEO	4	2位编辑+1位SEO	6个月	一天触达200人	否，周期太长
SEM	5	竞价1人+500元/天	开户1周	一天触达500人	可测试

2.2.4　如何评估渠道质量

如果渠道链接带有唯一参数，那么运营人员可以把参数写到数据库中，便于追踪对应的流程数据和用户行为数据。运营人员根据渠道的唯一标识参数进行数据分析，便可得知渠道的质量。但是，在小企业做运营工作，有时把参数对应的流程数据和用户行为数据写到数据库是一种奢望，大多数情况下需要按照日期记录数值，评估渠道质量。

运营人员每天需要做很多数据统计工作：以邮件运营中不能统计参数的

全流程数据为例，运营人员需要人工统计前一天邮件发送数量、前一天通过带参数链接进入落地页的数据、前一天软件下载次数，以及前一天新增用户数。虽然这样的统计存在误差，例如，用户通过几天前的带参数链接进入了网站，但是由于误差在可控范围之内，可以忽略不计，根据这些统计数据，运营人员能够估算出渠道的质量。

通过渠道获取用户要着重于数据分析，不然会造成产品不错的假象。如果通过渠道获取的新用户数多于流失的老用户数，那么看似产品的用户总量在不断增加，但本质上是产品不受喜爱或渠道质量不行。所以，运营人员在通过渠道获取用户时要计算次日留存率或 7 日留存率，分析产品是否受欢迎、渠道是否满足业务需求。

现在依然有企业认为渠道为王，通过渠道不断地获取新用户，利用收入模型核算渠道 ROI，根据业务目标评估渠道质量，不断测试新渠道，并优化已有渠道，达到效益最大化。

2.3　活动运营

我们在日常生活中经常接触到活动的场景，电商平台的"38 女王节""618 年中大促""双十一""年货节"等都是活动。活动运营对短时间内拉动相关指标增长非常有效。活动类型可分为日常提升活跃度的活动、完成销售额的促销活动、挽回老用户的召回活动等。

2.3.1　活动的指标

不同的活动有不同的预期指标。活动形式可以分为线上活动和线下活动。互联网时代，运营人员经常策划与拉新、转化、召回相关的线上活动，以及以 PR 为指标的线下发布会活动。

拉新类的活动以提升产品的使用人数为目的，通常通过送优惠券、送 VIP 等方式；转化类的活动以提升付费转化率为目的，通常通过促销、新手礼品、优惠价等方式把免费的用户转化成付费的用户；召回类的活动主要是唤起沉默用户，让老用户重新使用产品，一般情况下会选择送优惠券、老用户专享价等方式，刺激老用户打开 App 或登录网站使用产品。

PR 类的活动以提升产品的知名度为目的，属于品牌宣传的范畴，主要考察活动后的媒体覆盖率。例如，有多少家媒体宣传了此次活动。这类活动不考察转化率和新增用户等具体指标。

一般来说，只要运营人员围绕业务的核心目标和用户需求设计活动形式，活动就会有不错的转化率。

2.3.2 如何策划活动

活动策划是整个活动流程中最重要的一个环节。只有把活动策划做好，才可能有不错的活动结果。

运营人员要想做好活动策划工作，首先应有一个好的想法。活动灵感可以来源于节假日，每年大大小小的节日有很多，任何节日都能作为活动策划的缘由；可以来源于庆典，企业或产品的周年庆就是做活动策划的缘由，如"5 周年庆，全店 5 折起"；也可以来源于季节更替，一年四季更替的时候都可以作为活动策划的缘由，如"冰爽夏日，全场满 200 减 50""温暖冬天，全店满 100 打 9 折"等。

对于大多数运营人员来说，如果企业没有足够的用户和财力，我建议不要自己创办新的活动节日，而应跟着节日或大型的全网庆典策划活动。电商平台的"双十一""618 年中大促"都属于电商平台创办的活动节日，而"38

女王节"和"年货节"则是按照节假日举行的活动节日。

运营人员如果有策划活动的来源，但是没有好的思路和活动呈现形式，那么可以参考竞争对手往年做过的活动。现在各大平台的活动形式都差不多，活动的利益点也差不多，各平台的活动策划在本质上并没有太大的变化。在日常工作中，运营人员有必要收集同行的活动落地页，分析活动的规则，记录页面突出的利益点。

无论是参考同行的活动形式，还是自己想出来的绝妙策划方案，这时运营人员有必要与上司、部门同事或产品经理一起讨论活动的可行性。如果大家一致认定活动形式可行，则要开始梳理活动流程，明确活动资源，之后便开始具体的策划工作，包括活动主题、活动时间、活动形式、宣传渠道、活动文案、活动功能、活动规则、活动奖品及结束时间等。

活动主题相对简单，运营人员可以根据已有的活动来源思考活动主题方向，如"双十一大促，全场满300减40""产品新上线，邀请好友双双获得VIP权益"等。

活动时间可以根据活动来源设定。如果是节假日的活动，活动时间为3～7天；如果是拉新类的活动，活动时间建议在15～30天。时间太短难以达到预期目标，时间太长容易引起用户疲倦。

线上活动的常见形式有回答问题型、打折型、送好礼型、拉取好友获得利益型、领取优惠券型等。运营人员可以根据自己的目标用户属性和活动目的选择具体的活动形式。

运营人员还需要明确宣传渠道是内部渠道，还是外部渠道。如果想要有较多的人参与活动，运营人员在活动渠道上一定要舍得投入资源。在大企业做活动运营工作，产品有较多的用户，在App或网站首页申请一个Banner位就能获得较大的流量，参与的用户可能是几万人，甚至几十万人。在小企业做活动运营工作，产品没有太多用户，而且面临宣传渠道的预算不足等问题，极有可能只有几十人参与活动。如果渠道选择得不好，就可能只有几个人参与活动。

活动文案可分为宣传文案和落地页文案。在活动之前，运营人员要明确宣传渠道、渠道本身的特性、渠道用户的关注点、活动的利益点。落地页的文案主要用来描述活动、介绍活动规则、设置活动奖品。这类文案只要契合活动，用适当的话术描述即可。

活动功能设计可以是内部研发、已有类似产品功能或购买第三方的服务。如果是内部研发活动功能，则需要与产品经理沟通，并在设计和研发部门申请排期。如果活动上线比较着急，还需要与其他需求方沟通以提升活动功能设计的重要性，争取把功能设计放在重要的排期。如果企业已有类似的功能或购买第三方的活动服务，运营人员需要详细地了解并测试产品的功能或第三方的服务，避免因操作不熟悉导致活动不能如期上线。

活动规则越简单越好，用四五句话把整个活动描述清楚即可，内容大概包括活动步骤、参加活动的方式、获取奖品的规则。

活动奖品花费总额要在企业可以承受的范围内，最好是与产品的主要功能相关，我不建议使用现金作为奖品。如果是通用型产品，而且目标用户群体比较广，那么奖品可以是京东、天猫的购物卡等。单个奖品的金额越大，对用户的吸引力就越强。设置奖品要看企业的支持力度，运营人员不要超越权限承诺礼物和奖励。

活动的结束时间包含整个活动的执行时间、活动后的公布名单和发放奖品的时间，让获得奖品的用户对得到奖品的时间有预期。

活动策划阶段需要考虑的因素有很多，从梳理活动流程开始，运营人员就需要考虑执行过程中的风险，避免因小的缺陷导致活动失败。例如，因为参与人数过多导致线上服务崩溃，进而导致活动失败。所以，运营人员在做活动策划时需要有 B 计划。

当然，运营人员也可以参与外部的系列活动。与行业内有影响力的企业一起举办活动，或参与别人策划的活动，运营人员不需要自己策划和准备所有的活动流程，只需要关注活动中参与的人数和后续的转化。大型企业有专门的市场部对接外部活动，市场部负责与企业的业务部门深度合作，共同做好外部活动。

如果在一家小企业做运营工作，那么也需要由运营人员对接外部的活动流程。与其他企业一起举办活动或参与别人的活动，运营人员不需要考虑活动投放渠道和活动软件功能的问题，只需要按照别人的时间排期准备对应的材料和文案即可。

2.3.3 活动流程

运营人员可以着手从好的想法、策划活动、活动排期、素材准备、活动预热、活动执行、活动结束、活动复盘 8 个方面梳理活动流程，对策划活动的细节进行修改和确定，在此过程中把控好资源到位时间。

好的想法和活动复盘虽然不能算作活动流程的一部分，但是在完整的流程中又是必不可少的环节。活动思考流程如图 2-10 所示。

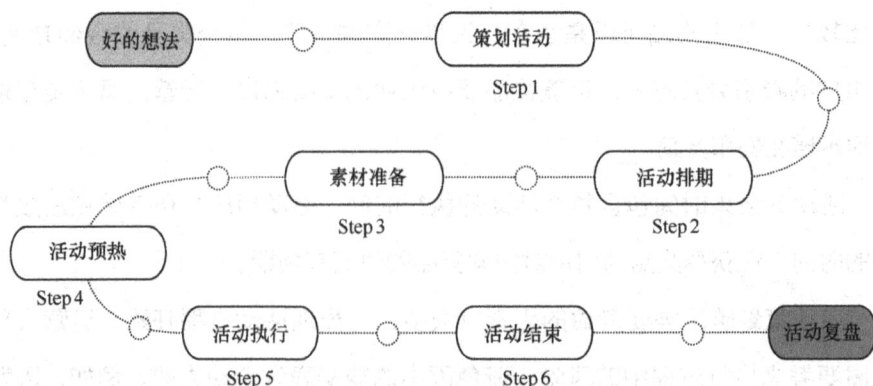

图2-10　活动思考流程

如果运营人员没有好的想法，可以参考 2.3.2 节的内容寻找活动的灵感或梳理同类产品举办过的活动，把别人的想法落实到自己的工作中。运营人员要注意的是，首先要考虑企业是否具备支撑想法落地的条件，判断活动是否可行，其次考虑落地活动需要投入的资源并写好活动策划方案。

策划活动时需要注意的事项比较多，具体请参考 2.3.2 节的内容，把活动细节考虑到位。

在排期准备中，运营人员需要综合考虑文案排期、素材排期、开发排期和渠道排期。

如果运营团队中有写文案的人员，不但要考虑落地页的文案，还要考虑宣传图片的文案或宣传软文，对整个活动链条的文案排期都要思考到位。如果自己写文案，排期相对可控一些。如果团队有专门的文案小组，需要先与文案同事制定排期，确定大概字数，然后安排素材的排期。

素材排期包含宣传图的设计排期和落地页的制作排期。

如果需要开发新功能，研发人员可以先完成功能性的开发，待页面设计出来后再进行美化；如果研发人员要等设计素材定稿之后再进行开发，就要提前预留开发时间。如果采用第三方的功能，则需要尽快确定采用哪家的产品，是否需要缴纳费用，是否需要签订合同。

一般在最后安排渠道排期，确定采用内部渠道，还是外部渠道。如果是内部渠道，尽量申请一个有利的位置。例如，让渠道运营人员发 PUSH 触达用户，或者申请首页推荐，或者申请公众号的首条文章。如果是外部渠道，运营人员需要提前联系好渠道的负责人员，确认渠道流量类型、渠道素材尺寸及渠道的费用。

无论采用企业研发活动功能，还是采用第三方的服务，运营人员都需要进行功能测试。虽然测试人员会写测试案例并进行功能测试，但是作为活动的发起者和整个活动保障的最后一道防线，运营人员也需要按照自己的思路测试功能和使用流程。

确定了流程上的排期，运营人员需要盯着时间点催进度。

活动需要的功能确认无误后就可以进行活动预热或推广。一般情况下，运营人员可以在内部渠道进行预热，而跨产品的外部渠道不要投放预热活动，直接投放活动进行中的落地页。在内部渠道，用户可以收藏活动链接，也可以在活动开始后直接报名参加活动。在外部渠道，我建议投放活动进行中的链接，因为用户在预热期报名后可能忘记了参加活动。特别是在"大V"账号上投放软文型的活动，如果用户扫码后不能直接参与活动，就会造成口碑下滑，用户流失。

为了避免用户量增加导致程序加载速度慢或服务器崩溃的情况，拉新类的活动一定要有备用方案，避免此类事情发生导致产品的口碑下降。我曾经历过类似的活动，由于运营人员没有对用户量激增做好备用方案导致线上服务整体崩溃，短时间内又没有办法修复，一天之后服务才回归正常。然而，该来的用户已经来过，该走的用户也已经走了。这件事在网上被发酵，给产品造成了负面的口碑，给运营工作带来了很大的麻烦。

红包、优惠券和送VIP的活动极有可能引来"羊毛党"。对于产品而言，少量的"羊毛党"不一定是坏事。特别是面向VC工作急需用户增长的产品，"羊毛党"可以帮一些忙。不过，从长远利益来看，还是要杜绝大量"羊毛党"的出现。如果在活动中出现了大量的"羊毛党"，运营人员要准备相应的对策进行控制。例如，运营人员可以通过修改原有规则，尽可能地控制出现"羊毛党"。这样做虽然会损失小部分用户，但是对于保障活动的成功还是很有价值的。

活动结束后并没有万事大吉，运营人员要趁热打铁，分析用户数据，采取对应的运营技能挖掘用户价值，使活动价值最大化。特别是 To B 行业或教育行业，活动结束后需要运营人员有计划地联系用户，挖掘更有价值的商业信息。对于拉新类的活动，运营人员需要给新增用户推送产品使用手册，让用户尽快地熟悉产品。对于转化类的活动，对已经转化成 VIP 或产生了购买行为的用户，运营人员做好售后工作或用户回访，以提升用户对产品的好感。

运营人员把以上工作都做完后，才能开始活动的复盘工作。活动复盘需要重新梳理一遍活动流程，从活动策划开始到用户完成既定操作，运营人员需要分析每个步骤的数据。

在复盘工作的最后，运营人员需要输出一份包含活动背景、活动结果、活动过程的活动报告：在活动背景中简单介绍本次活动的目的，让大家对此次活动有统一的认知；通过活动数据推断本次活动是成功，还是失败。

2.3.4　什么是成功的活动

什么是成功的活动？是活动参与人数高达 10 万，是页面浏览次数超过百万，是产品新增注册用户数超过 10 万，还是转化 VIP 的人数超过 1 万？其实，无论哪个环节的指标飙升都不能算作活动取得成功。

成功的活动一定是在合理的开支范围内完成业绩目标。这个目标可能是新增用户，可能是付费转化率，也可能是收入等，总之契合业务的当前目标。

对于运营人员来说，活动只是完成业绩的手段而已。有一些运营人员把策划活动当作常规的运营手段，连做活动的基本目的都没有，这种活动的价值不会很大。

2.4 用户运营

很多运营人员把用户运营工作理解成了客服，因为很多人确实把用户运营工作做成了客服。客服工作可以理解为用户成功，但不能叫作用户运营，也不能代表用户运营的工作。

用户运营通过各种属性将用户分层，如渠道、地域、性别、年龄、设备、RFM 模型、用户行为节点等，用数据判断哪种属性下的用户对业务的价值更大。目前，在运营文章中常见的用户分层模式为 RFM 模型。

运营人员要做到比用户更懂用户。用户数量和用户价值是产品的核心指标，只有庞大的用户数量和高用户价值才能支撑起商业模式，所以用户运营是企业中比较核心的工作。运营人员需要对用户做深度分析后，才能决定采用何种运营技能。

2.4.1 一句话描述用户

针对同一类目标人群进行用户调研或访谈，运营人员获取的信息比较少，而且有时会被问题形式或环境限制，难以获得真实的数据。在大多数情况下，运营人员只能获得用户的基础信息，如性别、地域、年龄、爱好等，通过这些数据很难对用户的精准行为信息做出有效判断。

运营人员通过产品的数据分析用户，可以收集到很多信息，标签也会比较全面，但拿到的数据大多是单个标签。例如，设备：iOS；性别：女；地域：北京；年龄：28；爱好：旅游、美容、恋爱、星座；婚否：否；行为信息：点击、加购、收藏；购买频次；购买金额，等等。

其实，DSP 平台或电商平台的用户包都是用户标签的集合，运营人员要想深度了解用户，需要对用户标签进行归纳总结，虚拟成一个鲜活的用户。

例如，小美，28 岁的单身美女，北京人，喜欢用苹果手机，日常喜欢看旅游、星座、美容和恋爱的内容，是一位购物达人，经常逛我们的商城，每周会买 5 次产品，每个月大概花费 3000 元，喜欢美容、护肤类的产品。

运营人员深度了解用户后，通过一句话把用户描绘出来，此类用户在大家的心目中就有了感觉。运营人员在描绘用户时可以从 5W1T 入手，即 who、when、where、what、trouble、want；用一句话描述，谁在什么时间、什么地点、做了什么事情、遇到了什么问题、想怎么解决。运营人员通过这句话将用户和场景描绘出来，之后无论是修改产品功能，还是策划运营活动，都会比之前简单很多。

2.4.2　用户分层

做精细化运营的理想状态是根据单个用户的习惯和喜欢的内容，选择合适的运营技能或推送用户喜欢的内容。但在工作中，这类运营方式几乎是不存在的。于是，我们就可以把同类标签的用户分成一组，然后针对同组用户采用相同的运营技能，使运营技能发挥最大的价值。

提到用户分层，就不得不讲 RFM 模型。按照 RFM 模型对用户进行分组，可以根据不同人群的特点采用不同的运营技能。RFM 模型一共把用户分成 8 个小组，已经对用户进行了很详细的分层。

R：Recency，最近一次消费的时间间隔。

F：Frequency，消费频率。

M：Monetary，消费金额。

我们根据 RFM 模型可以总结一句话：用户在平台上一共消费了多少次，花了多少钱，最后一次消费是什么时候。根据这 3 个指标分析用户的行为数据，可以把用户分为重要价值用户、重要发展用户、重要保持用户、重要挽留用户、一般价值用户、一般发展用户、一般保持用户和一般挽留用户。
RFM用户分层如图2-11所示。

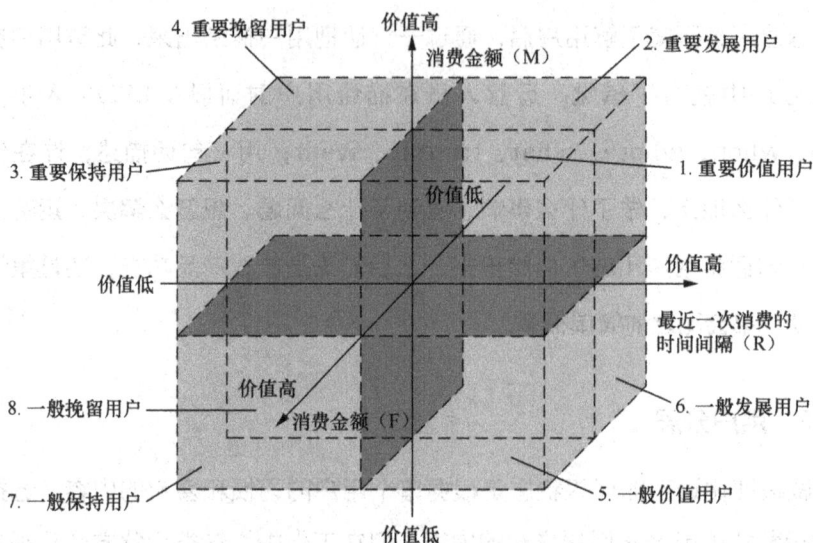

图2-11 RFM用户分层

在图2-11中，如果用户最后消费的时间比较近，消费频率比较高，消费金额也比较高，属于重要价值客户，也就是产品的骨灰级粉丝；如果用户最后消费的时间比较近，消费频率不高，但消费金额很高，需要引导他们增加消费频次，在平台上花更多的钱，属于重要发展客户；如果用户最后消费的时间比较远，消费频率比较高，消费金额也比较高，说明用户已经很久没有登录平台，有流失的风险，属于重要保护客户；如果用户最后消费的时间比较远，购买的频次比较少，但消费金额比较大，说明用户即将流失或已经流失，需要进行挽回，属于重要挽留客户；如果用户最后消费的时间比较近，频次比较高，但是消费金额比较少，属于一般价值用户，平台上多是这类用户，比较活跃但是贡献不多，属于"二八法则"中的80%，运营人员要想办法提升这类用户的消费金额；如果用户最后消费的时间很近，购买频次不高，购买金额也不高，属于一般发展客户，这类用户可能是新注册用户，需要做好引导工作；如果用户最后消费的时间比较远，购买频次比较高，但是消费金额不高，属于一般保持用户，对于这类用户，运营人员只需要做维持工作就可以；如果用户最后消费的时间比较远，消费频次不高，消费金额也不高，属于一般挽留用户，运营人员只需要做好常规的挽留工作就可以。把以上用户价值按照 RFM 模型汇总到一张表格，如表 2-4 所示。

表2-4　RFM模型用户价值分类汇总

R	F	M	用户分类
高	高	高	重要价值客户
高	低	高	重要发展客户
低	高	高	重要保护客户
低	低	高	重要挽留客户
高	高	低	一般价值客户
高	低	低	一般发展客户
低	高	低	一般保持客户
低	低	低	一般挽留客户

RFM 模型并不是一个万能的模型，更适合有消费金额的电商平台。但是，运营人员可以举一反三，改变 RFM 模型并应用到自己的产品运营工作中。例如，对于 SaaS 产品的用户，运营人员可以从登录时间、调用次数、付费能力进行分层；对于内容型的产品，运营人员可以从登录时间、阅读次数、广告点击次数进行用户分层，也能分出 8 个用户层级。

运营人员在进行用户分层时，无须严格地从三个纬度来划分。例如，一款免费的云端 SaaS 服务产品，运营人员可以只从调用次数这个单一的维度计算用户的价值。用户一天调用 1000 次就是比一天调用 10 次的价值高，如果哪天发现用户调用次数在递减，或者没有了调用次数，这类用户极有可能会流失。

RFM 模型在用户分层中的详细应用会在 6.2.2 节讲述。

2.4.3　用户获取

任何产品的用户增长都需要渠道运营人员把用户吸引过来。用户的获取可以分为渠道获取和裂变获取。

通过渠道获取用户是任何产品都需要的方式，渠道的操作技能参考 2.2 节的内容。通过渠道获取用户，运营人员需要知道获取用户的总目标、每个渠道可以贡献的价值、渠道需要投入的资源。通过裂变获取用户，运营人员需要深度挖掘已有的用户资源，把握用户的需求点，通过产品功能或利益刺激用户，挖掘其身边的朋友或微信好友，从而达到用户获取的目的。裂变的具体操作步骤和注意事项请参考 4.3 节的内容。

2.4.4　用户留存

产品在用户留存中占据着核心位置，产品经理需要从产品功能层面做用户的留存工作，而运营人员需要考虑产品提供给用户的核心价值是什么，可以解决用户的什么问题。

在产品功能层面，运营人员要做好用户反馈的收集工作，把用户的意见反馈给产品经理，让团队更快地迭代产品版本。

在运营计划执行过程中，运营人员要分析用户的数据，着重关注某一分组下高留存率和高转化率背后的用户行为动作。例如，Twitter 团队就发现新注册用户关注 30 个 Twitter 账号后，留存率比较高，于是重新设计注册使用流程，引导用户关注 30 个账号，从而大幅提升了用户的注册留存率。

在我运营推荐系统产品时，起初注册留存率偏低，通过数据分析发现，用户使用 30 分钟以上的留存率高达 90%。于是，我们做了两个方面的改进：
第一，在用户安装结束的最后一步，提示用户等待 15 ～ 30 分钟再看效果；
第二，在产品上改进推荐策略，安装之后按照获取的数据返回随机推荐结果，
或者按照热门推荐结果等待推荐引擎计算完毕后，再按照用户设定的规则显
示数据。这两种方式最终都极大地提高了用户的安装留存率。

在数据分析过程中，运营人员不但要分析留存用户的行为，也要分析流失
用户的行为，看哪些步骤或功能是用户不能忍受的，特别是产品的致命缺陷。

产品还可以增加一些日常使用的小功能，如每日签到、签到领红包等，
让用户先熟悉产品，对产品形成依赖；其次，增加积分体系或会员体系，让
用户签到或做任务领取积分，通过积分兑换礼品，如淘宝客户端的签到领淘
金币功能，如图 2-12 所示。

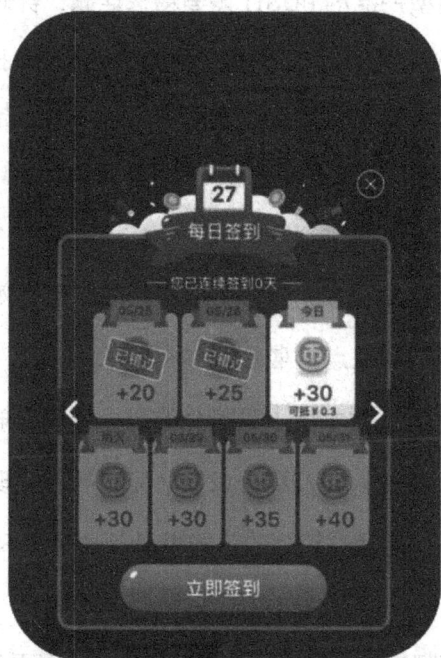

图2-12　签到领取淘金币

2.4.5 用户活跃

提到用户活跃，不得不提运营工作的一个梗，即运营人员有"三宝"——短信、PUSH 和红包。这句话虽然被运营人员用来开玩笑，但这"三宝"确实是运营工作中提升用户活跃度的重要手段。不过，现在短信的拦截率居高不下，导致短信的效果不如从前，特别是在某些行业中转化率低下，但PUSH 和红包的效果依然非常不错。

在做好产品功能和用户体验的前提下，用这些辅助性的小技巧可以短时间内提高用户活跃度。如果你留意过自己的手机，每天都会收到很多营销类的短信。在进行推送营销时，一定要推送符合用户心意的内容，利用痛点或利益点刺激用户，具体可以参考 2.1 节的内容。

内容型产品或电商型产品的 PUSH 需要精选话题，针对不同的用户推送不同的内容以提高打开率。随着人工智能的发展，利用 AI 技术，根据用户行为数据训练模型得出很多运营规则，在实际应用场景中远超运营专家制定的规则。特别是 AI 技术可以实现千人千面的个性化推荐，PUSH 打开率会提升很多。

红包不一定是给用户发现金。作为刺激用户活跃的有效手段，红包更多是指产品本身可以提供的利益点。常见的方式有等级权益、排名竞争和 2.4.4 节提到的积分规则。等级权益本质上是积分的另一种表现形式，常见积分的类似形式有等级权益、头衔权益及积分权益。无论哪种表现形式，用户都是通过做任务获得积分，然后通过积分的不同表现形式获得不同的权益。纯 To C 的产品可以采用类似的方式刺激用户活跃。

知乎盐值对应的权限如图 2-13 所示。用户要想获得更高的权益，就需要在知乎平台上回答更多问题。

绿色通道（1/3）

审核优先处理　　举报高优通道　　反馈快速响应
盐值 600　　　　盐值 700　　　　盐值 750

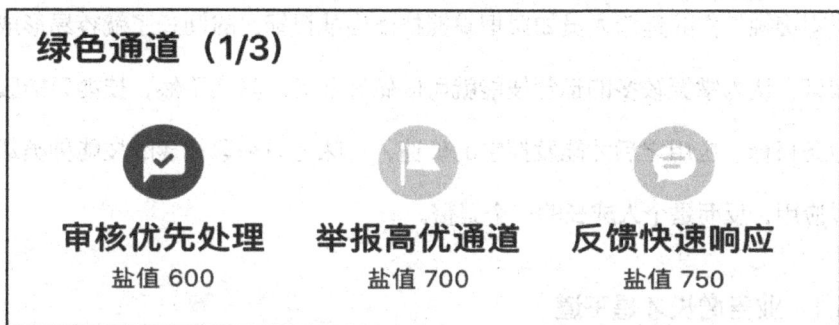

图2-13　知乎盐值对应的权限

排名竞争机制在腾讯系的产品和游戏产品中比较常见，打飞机、跳一跳和微信运动都利用了排名竞争机制。排名榜方便用户查看自己与上一名用户的差距，这种机制很好地利用了用户争强好胜的心理，刺激用户为争取一个好名次更多地使用产品。微信运动中一度出现了跑步神器，可以让微信账号一天走 10 万步，更加说明了这种机制的有效性。

但是，运营人员不能把辅助手段当成用户留存的核心手段，产品的核心功能和体验才能从根本上决定用户的留存问题。

随着 AI 技术的发展，大部分用户留存率和活跃度的规则将会由机器和算法决定，运营人员只是发挥辅助性修正的作用。总之，运营人员应该从基础繁杂的工作中脱离出来，用更多精力做创造性的事情。

2.5　技能不重要

看了这么多运营的内容，我相信你应该对运营工作中的常用技能有了一定的了解。但我想说的是，掌握基本够用的技能就可以了，没有必要全方位地了解所有技能，因为技能本身并不重要。

刚接触工作的运营人员如果把掌握技能当成目标，时间长了就容易形成思维误区，认为掌握较多的运营技能就可以做好业务。其实不然，技能只能服务于业务目标，应用之后才能发挥它的价值，一味地只积累掌握的技能种类却不加以应用，反而是个人成长的一个累赘。

2.5.1 业务增长才是王道

一些运营人员掌握了很多运营技能，并做出了不错的成绩，被另一家企业高薪挖去，但是没过多久就被边缘化，最终被淘汰。其实，运营工作就是这样，无论你学了多么扎实的运营技能，看了多少本运营的书籍，构建了多么实用的方法论，也不管你以前做过多少成功的案例，有多么丰富的运营经验，如果不能将运营技能和方法论付诸实践，帮助企业提升业绩，就很容易被淘汰。

尽管本章在讲运营技能，但是运营人员要记住：运营技能服务于业绩，没有业绩，一切运营技能都是空谈！运营人员不要以为掌握了运营技能就可以成功。在工作中，运营人员首先需要梳理企业的内外部资源，其次看透运营的本质，最后运用合理的运营方法调配资源，将运营技能付诸实践，才有可能取得成功。

空谈运营技能和个人能力并没有价值，业务增长才是王道。运营人员在大企业做运营，产品有几千万的用户，无论你的运营技能熟练与否，都不会有太大的问题；而在小企业做运营，产品只有几千个用户，无论你的运营技能熟练与否，都很有可能会失败。

所有运营技能只是运营人员达成业务目标的一种手段而已。有时初级运营人员会错把技能当成追求的目标，反而耽误了运营计划的实施。运营人员要时刻牢记业务目标，通过拆解目标并确认哪些手段可以完成现阶段的业务目标。市面上的运营技能有很多，而且每年都会推出许多运营的新技能和新理论，运营人员如果要把所有运营技能和理论全都学习一遍，反而不利于养成自己的运营思维，从而耽误业务发展，也会耽误个人成长。

在了解基本的运营技能后，运营人员需要探究运营工作的本质逻辑，利用运营思维指导掌握的运营技能进行工作。

2.5.2　顺势而为

看了这么多运营工作中的实操技能相融合，运营新手可能会有点懵。不要紧，因为运营工作中的技能并没有明显的边界，没办法完全分清楚。在运营工作中，有人说内容运营技能效果最好，有人说渠道运营技能最重要，有人说活动运营技能见效最快。每个运营人员都有自己的观点和理念，而且观点和理念都不一致。运营人员没必要纠结于谁对谁错的问题，也没必要纠结于运营技能分类的问题，只需要选择最适合自己的运营技能并达成业务目标即可。

如果你刚接触运营工作，学习了基本的运营技能和运营理论之后，通常会有盲目乐观的情绪，觉得任何业务目标通过系统的运营技能都会变得简单，而且都能实现。其实不然。从事运营工作三五年后，大多数运营人员开始对工作有了合理的预估，对需求资源、预估效果就没有那么乐观了。

运营人员有可能受网上零预算做成业务的文章影响较大，在没有实操之前觉得运营工作很简单，只有踩过一些"坑"之后才发现原来运营工作并不简单。所以，本书在开篇也讲不是人人都能做运营。

做运营工作讲究顺势而为，要了解最近比较火的行业，尽可能地选择顺应时代发展的行业的运营工作。现在，AI、5G、在线教育行业比较火，那就尽量去做与这些行业相关的运营工作。

第3章

产品连接一切

人与人的连接是微信、QQ 等社交产品，也是文章、书籍等承载的跨时代、跨地域的思想；人与物的连接是淘宝、京东等电商平台，也是商场、小卖部等实体店铺；人与媒体的连接是新浪、网易等门户网站，也是电视、报纸等传统媒介；人与信息的连接是百度、Google 等搜索引擎，也是头条客户端、手机百度等智能分发工具。所以，所有的连接中转枢纽都是产品。

第 2 章讲述的运营工作中常用的技能，无论哪种运营技能都要在产品上落地，通过产品连接运营技能与用户。如果没有产品承接运营技能，那么运营工作就无从谈起。所以，从运营人员的角度来看，产品在运营工作中是第一位的，没有产品，就没有运营技能和方法论。产品可以是 App、网站、公众号等。

产品是连接一切的纽带，是企业生存的命脉。无论时代如何发展，产品不可能消失，但是产品同质化会越来越严重，以后仅靠产品自成长可以获得成功的可能性微乎其微。产品运营人员在企业内部的地位也需要有所提升，毕竟他是产品能否成功的主要操盘手之一。

不同产品的运营技能和运营策略有所不同。有些运营人员可以跨行业、跨产品地开展运营工作，成为人人羡慕的运营专家。而有些运营人员只能找已做过的同类型产品或同行业的运营工作，换行业就难以做出效果，因为他们对不同类型产品的运营策略没有把握到位，在运营工作中还不能看透不同产品的运营本质。通过本章的学习，你也可以成为让别人羡慕的运营专家。

3.1 产品和运营技能的关系

产品和运营技能是相辅相成的。脱离产品的运营技能不能施展出它的能量，也无法做出好的成果。而脱离运营技能的产品只能是孤零零的平台，没有任何人气和活力，更别提生态和收入了。

对于产品经理来说，是产品成就了运营技能；对于运营人员来说，是运营技能成就了产品。如果讨论是鸡生蛋，还是蛋生鸡的问题，只会带来无休止的争吵，产品经理和运营人员不如放下各自的偏见，把产品和运营技能看成一个整体，所有工作都是为了让整体融合得更紧密。

我一直以来把产品和运营技能看成整体，所以在工作中我会要求自己懂一些产品的基本理念。现在一些企业开始要求产品经理懂运营的技能和方法论，一些企业开始设立增长产品经理的职位，更说明了产品经理和运营人员以后会统一化地管理。而且，在一些企业中，产品经理和运营人员同属于产品运营部。

所以，产品和运营技能就是一个整体，运营人员在工作中除了掌握必要的运营技能之外，还应尽可能地了解产品的理念和产品经理的工作职责。

3.1.1 产品承接用户，技能服务用户

依我看，产品的主要功能是承接用户，即无论你运营的产品有多么丰富的功能，运营工作就是把产品最好的一面展现给用户，吸引用户使用产品，拿到用户的数据之后，通过数据分析可以给用户提供更好的服务，让用户在生活或工作中对产品产生依赖。

虽说用户体验是检验产品好坏的唯一标准，但产品也不能讨好所有用户，只需要服务好目标用户就可以。运营人员的所有工作都是围绕目标用户进行

的，在保持产品独特性的同时尽可能地迎合更多用户，而不是放弃产品的个性讨好所有用户。同时，运营人员需要建立用户反馈渠道，重视用户的意见和建议，与产品经理共同打造用户心中满意的产品。

产品在不同生命周期承载着不同的业务目标，因此运营人员需要掌握不同的运营技能和运营理论，对产品的生命周期要有自己独特的判断，从而能够帮助自己更好地做产品运营工作。

存活时间不是衡量产品成功的唯一指标。产品的稳定期持续得越久，对企业创造的收入就越有价值。当然，并不是所有产品都能有长久的稳定期。

我见过不少运营人员只采用单一的运营技能，如渠道运营或活动运营，单一的运营手段难以在工作中持续做出好成绩。

运营人员需要把控产品生命周期和用户生命周期，在不同的周期采取不同的运营技能，只有这样才能做出更好的效果。所以，第5章会着重讲述不同周期的阶段应该采取的运营技能。

运营人员在产品中应用的所有技能都是让用户能够熟悉产品、使用产品。渠道运营技能让用户知道产品，内容运营技能引导用户使用产品，活动运营技能让用户更加熟悉产品，用户运营技能让用户享受独特的服务。这些运营技能作用在产品，服务于用户。

3.1.2 技能和思维可以移植

有些运营人员可以跨企业、跨行业地做运营工作，有些运营人员只能在一个行业做运营工作，而有些运营人员只能在一家企业做相同产品的运营工作。从本质上看，第一种运营人员具有自己的运营思维；第二种运营人员具有行业内的运营方法论，可以在不同企业做同类产品的运营工作；而第三种运营人员不能移植自己的运营方法，难以在运营工作中取得较大的成就。

电商行业从事裂变活动的运营人员，在工具产品中就不会做裂变活动吗？平台产品从事拉新工作的运营人员，在内容产品中就不会做渠道运营吗？运营工作的技能和方法论在产品中通用，所以，运营工作中的技能和方法论是可以移植的。之所以有些运营人员不具备这种能力，还是因为缺乏归纳总结的能力，无法形成自己的方法论。

你从这本书中学到的所有运营技能和运营思维都可以加工成自己的方法论，在工作中加以应用和检验，通过对运营工作的复盘修正自己的方法论，从而具备跨企业、跨产品做运营工作的能力。如果能从用户的角度出发，为用户提供有价值的产品和内容，总结产品运营要点和企业业务目标的结合点，通过拆分目标和制定运营计划，结合自己的运营技能，你基本上就具备了跨企业、跨行业做运营工作的能力。

3.2 产品运营

很多企业以产品运营工作岗位为诱饵，招聘的是客服或文案写作的人员。其实，现在企业对产品运营人员的能力要求更高了，产品运营不是策划活动、投放广告这么简单的工作，也不是某些招聘网站上的岗位要求，如收集并整理用户反馈、引导用户使用产品和文案写作这么片面的工作。

产品运营人员应该为产品的生命周期负责，站在一定的高度做产品运营工作，知道在不同的产品生命周期或用户生命周期采取不同的运营技能，也要清楚当前产品的业务目标，而且能够拆解业务目标，撰写运营方案、执行方案，并帮助企业完成业务目标。

我们都知道，销售额 = 客单价 × 购买人数。如果企业的目标是提高20%的销售额，而且在客单价不能调整的情况下，你应该如何完成销售目标？渠道运营人员可能会回答增加投放费用完成业务目标，用户运营人员可能说通过做活动完成业务目标。

我们站在产品运营人员的角度还应该知道，购买人数＝新增购买人数＋老顾客，新增购买人数＝注册人数×转化率，新增购买人数可以通过提高转化率和增加渠道投放费用来完成，可以通过做活动刺激老顾客的购买力等。这里只是提供了一种解决思路，具体细节参考 3.2.2 节。

通过对目标的拆解并落实到组合技能的执行细节，可以完成业务目标，工作中的组合技能会用到渠道运营技能、内容运营技能和活动运营技能，这样思考问题和做运营工作才能算作合格的产品运营人员。

3.2.1 产品涵盖一切

在运营人员的眼里，任何物件都可以是产品，都能用来做运营工作。网站是产品，所以你不能只知道 SEO 和 SEM，还要懂统计代码和数据分析；App 是产品，所以你不能只知道 ASO，还要理解埋点和用户行为分析；公众号是产品，所以你不能只知道写文章，还要懂引流技巧；微信群是产品，所以你不能只知道引流，还要懂刺激用户活跃度；人也是产品，所以你不能只知道工作，还要懂打造个人 IP 等

1.4.1 节提到你应该先通过一些平台和账号运营自己。所以，针对平台和账号，你应该有运营计划。例如，如何把公众号做到 1 万粉丝，如何把微信群做到每天 30 人聊天，等等。围绕这个目标开始学习文案写作技巧、渠道引流技巧等，这些都是运营工作中需要用到的技能。

产品是所有运营技能落地的地方，所以产品运营是一个综合体，它综合了活动运营、渠道运营、内容运营、用户运营及数据分析的所有技能。要想

做好产品运营工作，需要了解常见的运营技能和运营思维，而且还要有一门非常精通的运营技能。

做产品运营工作，又不可避免地需要了解竞品。所以，运营人员要对竞品分析有所了解；产品积累数据之后，运营人员还要通过数据分析找出产品的不足和优势，通过运营技能弥补产品的不足，保持产品的优势。而企业推出产品都伴有商业目的，所以运营人员需要了解产品的盈利方向。不盈利的产品即使有强大的资本支持也很难坚持下去，所以运营人员需要了解商业的基本逻辑。

做好产品运营工作真的太难了，它涉及太多的方面，能够实现业务目标的路径也有很多，运营人员就需要从千万条不确定的路径中选择两三条可以完成目标的路径，或通过运营手段让产品走得更远。

很多运营人员对外宣称自己很厉害，而真正厉害的是衬托运营人员的产品或平台。一旦运营人员离开了好的产品和平台，大多数运营人员难以做出有效的成绩。依旧能做出成绩的运营人员才真正厉害，而不是偶然做成一件事情就觉得自己很厉害。大多数运营人员离开了平台和产品之后会丧失方向和目标，也有可能在职场晋升中遇到问题，因而选择自己的第二职业。

产品运营工作涉及庞杂的事务，运营人员需要对涉及的商业、用户、内容、渠道和竞品进行学习和深度思考，并将自己的工作经验总结为方法论，从而将产品运营工作做得更好。既然产品运营能涵盖一切，运营人员就要学会掌控一切。

3.2.2 产品运营技能

我从教育行业跨行到人工智能行业做运营工作，刚开始时对工作有点稀里糊涂。也正是在这个阶段，我开始反思应该如何跨企业、跨行业地做好运营工作。最终，我发现所有的运营技能都可归纳到渠道运营技能、内容运营技能、活动运营技能和用户运营技能的组合技能上，运营的底层逻辑包含渠道运营逻辑、内容运营逻辑、活动运营逻辑及解决问题逻辑的组合逻辑。

第2章已讲述了这4种运营技能和方法，因为这是做好运营工作的根基。运营人员需要把握好这4方面运营工作的核心及后面将提到的运营思维，从而轻松地完成运营工作。

许多运营人员告诉你，第一步是进行用户调研，以确定用户是否真正喜欢产品。但很少有企业能严格按照这个步骤做，尤其是那些没有时间和资源进行用户调研的小企业。如果你也在类似的小企业做运营工作，那就放弃用户调研的想法，更多地做A/B测试，通过转换不同的运营技能获取用户行为的反馈。

况且，在小企业做用户调研只能通过问卷的方式，通过泛人群收回来几十份调研问卷，运营人员还用了大量的时间做数据分析。这些回收的问卷本身就没有价值，所以运营人员分析得出的结论也没有价值。

大企业做运营工作，如果运营人员有一个好点子，需要在产品上增加一个新功能，以便更好地开展运营工作，一般会通过A/B实验法验证运营人员的想法是否可行。许多企业在上新产品之前先分析竞品是怎么做的，仿照成功的竞品做产品功能和运营计划。而只通过用户调研做产品运营工作的企业很少。自从今日头条火起来了之后，一些企业也开始做细分领域的头条，于是出现了各种行业头条。做同类产品运营工作之前，有几家企业会真正地做用户调研呢？即使一些小企业做了用户调研，收回来了几十份问卷，由于问题设计的原因很有可能得到错误的结论。

实体店开业之前需要做调研工作，毕竟店铺租下来之后还需要进行装修、上货等系列流程，会有较大的开支。但互联网产品追求小步快跑、快速迭代，所以运营人员在实际工作中不要被网上"先进"的调研理念和实验步骤误导了。

产品上线之前，大多数是产品经理负责用户调研工作，用于确认需求是否存在。特别是企业孤注一掷地准备做的新项目，在项目启动之前会做对应的用户调研工作，但是产品上线运营一段时间后极有可能因为前期调研不充分而导致项目失败。推出新产品之前做 MVP 版本放到市场上检验需求是否存在，上线新功能之前做 A/B 测试验证新功能是否有市场，这两种方式都比运营人员花半个月时间做问卷调研有效果。

我与许多运营人员聊过产品运营工作到底需要做什么，到现在依然没有统一的认知。有人认为产品运营工作应该分产品来看，也有人认为产品运营就是围绕 AARRR 模型进行工作。其实，无论哪一种观点，都证明运营人员对产品运营的理解还有较大的分歧和偏差。所以，运营人员在工作中需要总结和锻炼自己的运营思维。我认为应该由运营经理负责产品运营工作，站在业务的角度完成企业层面的增长目标。

产品运营的工作技能需要把内容运营技能、渠道运营技能、活动运营技能和用户运营技能汇总并合理地应用。所以，产品运营工作并没有特别的技能，反而要求运营人员需要具备运营思维、产品思维和用户思维。运营人员在工作中还需要将用户的意见归纳总结并反馈给产品经理，由产品经理决定是否可以增加产品的功能，从而让产品发展得更好。

许多运营人员在入职新企业做产品运营工作时，上手就选择渠道运营、活动运营等系列运营手段，运营一段时间后发现没有效果。因为产品运营工作需要以很多基础性的工作为铺垫。如果用军事的眼光来看，产品运营工作就像一场大的战役，而活动运营、渠道运营和内容运营更像局部的小规模战斗，一两场小规模战斗的输赢对大的战役结果影响不大。所以，只有取得大多数小规模战斗的胜利，才能取得一场大战役的胜利。

做产品运营工作时，运营人员要站在业务层面思考问题。通过产品的业务逻辑或商业逻辑倒推运营逻辑，而不是通过运营逻辑推动产品的业务逻辑。

第一步，运营人员需要考虑产品的盈利模式。任何产品的最终目的都是产生利润，让企业更好地活下去。常见产品的盈利模式有卖会员、卖广告、卖商品或卖服务，通常是几种盈利模式的混合模式。

第二步，收集市面上的竞争对手信息。例如，他们的产品规模有多大，他们用哪些运营方式吸引用户，吸引用户的利益点是什么，在运营方式上是否存在较弱的地方，等等。

第三步，思考已有用户群体的画像是什么样的，前任运营人员都用过哪些运营技能，最终取得怎样的效果。

第四步，通过对以往信息的收集，运营人员需要综合思考自己应该通过哪些运营方式和手段实现业务目标，通过哪些运营方式的组合更少地投入资源并完成业务目标，哪些运营技能可以持续地延长产品的生命周期，哪些运营技能可以较轻松地完成阶段性的目标。

所以，在产品运营工作中，运营人员需要知道企业的业务目标。有些企业把用户数量定为业务目标，有些企业把收入定为业务目标。无论哪种目标，产品运营的整体流程是不变的。

由于我参与从 0 到 1 的项目较多，所以分享从 0 到 1 的产品运营逻辑，让大家能够直观地理解从商业逻辑倒推运营逻辑。而且，从 0 到 1 的项目也最能锻炼运营人员的基本能力。如果走职场路线，但没有大企业的背景，我不建议运营人员去小企业做从 0 到 1 的项目。因为项目的成功率太低，会导致简历不好看，而且难以接触到大数据的分析技能和成体系的运营理念，在以后的面试中也难以脱颖而出。

我参与的是在线教育项目，当初这个团队只有 4 个人，我是 5 号员工。产品只有一门课程，团队制定的目标是月收入 20 万元。这个项目的商业逻辑比较简单，属于卖产品赚钱，通过课程收取学员的费用。基于这样的商业逻辑，我们需要有足够多的付费用户。而产品的竞争对手太多，市面上涉及网络营销和运营的课程都可以是竞争对手。最终，我们把线上和线下的传统培训机构统称为竞争对手。在分析竞争对手时，我们发现小培训机构要想生存下去太难了。首先，大型培训机构已经形成了品牌；其次，大型培训机构的讲师已经做了七八年，在业内也算小有名气。但是，大部分培训机构的课程体系是围绕网站建设、SEO、SEM、新媒体、自媒体和短视频等内容设计的，大多注重线下课程，课程价格在 18000 元左右；也有一些在线培训机构，课程体系与线下培训机构的差不多，单价在 2000 元左右。我们与竞争对手最大的区别在于课程体系，我们属于破坏规则类的实操课程，而大多数竞争对手偏理论教程。于是，我们重新确定了课程名称，叫作"全网营销黑科技"。

我们的课程单价是 5000 元，经过测试发现体验课的转化率是 2% 左右。为了完成业务目标，我们需要每月招生 40 人，进而需要吸引 2000 人来听体验课。而我们获取的私域流量用户大概有 50% 的人会听体验课。所以，我们每个月至少要获取 4000 条线索，每周是 1000 条线索，通过基于商业流程的推导，把业务目标拆分到了可以量化执行的具体目标。基于业务逻辑拆分流程如图 3-1 所示。

首先确认业务收入目标，通过公式"收入 = 客户数量 × 客单价"进行拆解。目前，客单价不变，推导出来需要的客户数量。然后按照获取客户的线索继续拆分，通过数据测试得出流程上的节点转化率。因为项目是从零开始做，并没有老用户可以激活，最终推导出来我们每周需要获取 4000 条线索。因此，我们需要尽可能多地布局流量渠道。

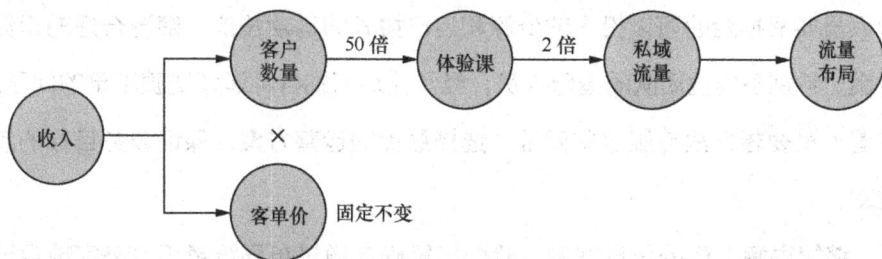

图3-1　基于业务逻辑拆分流程

　　这里只是对业务做了简单的推导，有助于读者理解从业务目标到运营目标的推导流程。特别是在小企业做产品运营工作，经常用到类似的推导方式。写运营方案时就需要有详细的数据作为支撑，通过推导得出可执行的方案，便于获取企业内部的资源支持。

　　运营工作中的实际情况可能比这种拆解流程要复杂得多。如果企业已经有了很多老用户，可以通过活动激活老用户完成一部分的销售额，其他销售额可以通过布局渠道完成，我觉得这才是完整的产品运营流程。而一些运营人员做比较成熟的产品运营工作，只负责产品运营中的一小块流程，可能是通过活动刺激老用户的购买力，可能是用户运营中的反馈问题收集，也可能是渠道投放中的 SEM 投放技巧等。

　　如果能从业务目标上看产品运营工作，从源头进行业务目标的拆解，落实到可以执行的运营技能，可以通过渠道运营技能或活动运营技能实现业务目标，也可以同时使用渠道运营技能和活动运营技能实现业务目标。有目标感的运营人员可以更准确地看待运营中出现的问题，这也是一名合格的产品运营人员应该具备的基本素质。

　　在产品运营工作中，运营人员还需要对已有的运营技能进行取舍。完成业务目标有很多种技能，可能是通过渠道运营技能完成，可能是通过活动运营技能完成，也可能是通过内容运营技能完成。至于选择哪种运营技能，运营人员要根据企业可以投入的资源和自己擅长的运营技能，筛选合适的运营方案。特别是创业团队的运营人员，经常性地面临各种运营资源不足的问题。运营人员要想办法克服这些困难，选择最优的运营方案，保证业务目标的完成率。

继续讲解上面的教育案例，我们已经确定通过布局流量平台来完成自己的业务目标。互联网渠道可选的有很多，运营人员首先要考虑清楚以哪些渠道作为主要流量来源，哪些渠道作为备用流量来源。

首先，我们考虑付费渠道，由于团队没有足够的资金，而且现在付费渠道的获客成本居高不下，无法与竞品争夺用户，所以付费渠道就被排除在外。

我们的课程名称为"全网营销黑科技"，如果自己不运用一些黑科技的手段来招生，恐怕也难以让用户信服。于是，我们从自己的课程里提炼出能够快速见效的手段，通过这些手段做出效果，才有了后面的转介绍及裂变来完成业务目标。这方面内容还是基于流量思维，大多采用渠道运营的技能，在项目中也应用了很多用户运营的技能。我在这里就不做过多的介绍。

在大企业做运营工作，运营人员除了要思考成本和投入的资源之外，也要考量企业潜移默化的影响，运营人员所用的运营手段要与企业的格调相匹配，这是我到范式工作之后才有所感觉。

刚到范式做运营工作时，我并不太适应，因为在运营技能上我习惯采用游击战术，并不适应规模化地做运营工作。我感到好多想法和技能都受限，包括在小企业养成的随心所欲的性格，在范式的工作中也受到了困扰。因为优秀的人都讲究方法论，讲究策略，我用了很长的一段时间才融入中型企业的运营环境中。

所以，在运营工作中，你除了要关注业务目标和运营技能之外，还要关注企业的资源配备及格调，做出切实可行的运营方案。而产品运营技能是渠道运营技能、内容运营技能和活动运营技能的结合体，只是在不同的产品阶段，运营人员需要搭配不同的运营技能，把控产品的生命周期，获得用户的真实反馈。

运营人员要做好产品运营工作，需要了解常见的运营技能和运营思维，结合企业的实际情况和业务目标做出切实可行的运营方案，完成业务目标。不结合业务目标的运营方案，运营人员大多数做的是无用功，对完成业务目标没有任何价值，只会浪费企业的资源。

3.3 不同的产品有不同的侧重点

你已经掌握了基本的运营技能，知道从商业、业务和用户的角度思考产品的价值，也有一定的运营思维可以支撑自己做运营工作，但跨行业、跨产品做运营工作仍然是比较难的事情。虽然整体的运营逻辑没变，但是有些运营人员看不到不同产品的要点，导致运营工作难以开展。如果你有幸换产品、换行业做运营工作，而且你对新产品还不知道如何开展运营工作，这一节的内容可以帮到你。把握不同的产品在运营工作中的要点，配合前面学习到的运营技能和运营逻辑，可以让你快速开展跨产品、跨行业的运营工作。

3.3.1 平台产品运营

平台产品运营是所有产品运营分类中最难的工作，因为运营人员会经常性地陷入先有鸡还是先有蛋的思想斗争中。

在小企业做平台产品运营工作是高失业率的事情，我不建议大家选择平台产品做运营工作。如果你要选择平台产品做运营工作，一定要慎重，做到"三看一验"：看企业的现金流，看老板的背书，看融资的背书等，验证企业是否有持续融资的能力。如果老板赌上一套自己的房子做平台产品方面的创业，我还是建议你不要去这种企业。

做平台产品的运营工作，尽量选择规模性的大平台。运营人员通常负责产品运营整体流程中的一个小环节，如拉新环节、活动环节、内容环节等，但是这些工作非常能锻炼运营人员的专业深度。如果要选择小规模的平台产品，我建议以卖货思维或服务思维，依托第三方已经成型的平台做运营工作，减少投入的成本，快速获得收入。

典型的大规模平台产品有滴滴打车、淘宝、京东等，这类产品解决了需求方和供给方的平衡问题，能够通过平台让双方更好地沟通与交流。运营人员需要通过运营手段把双方的需求匹配起来。在运营过程中，最理想的状态是双方的用户同时增长。而大多数情况是一方用户先增长起来，带动另一方用户的增长。一般先让供给方的用户增长到一定规模，然后做需求方的用户增长。

滴滴打车在刚起步时，先做起来的是司机端的用户。为了能够留住为数不多的司机，滴滴公司开始让员工在北京城内各地打车。这就造成了平台上有很多用户、司机确实能赚到钱的假象，也就有越来越多的司机开始注册并使用滴滴平台。

有了供给方的用户，滴滴平台还需要拓展需求方的用户，于是就开始发力通过各种渠道获取用户。滴滴公司又通过高额的补贴促使用户通过滴滴平台打车。滴滴平台上用户的增多就会刺激更多司机加入，这个良性循环就转动起来。

平台运营策略经常使用巨额的资金补贴，但是通过巨额补贴获取的用户大多数对平台没有忠诚度。从千团大战到外卖混战，再到百亿补贴，无一不是通过巨额的现金补贴维持用户活跃，少有用户会忠于某个平台。但是，补贴的目的是干掉竞争对手，让用户别无选择。所以，经得住资金消耗的平台往往能获得较大的成功。而大多数做平台产品的企业没有强大的资金储备，补贴竞争就能把自己搞破产。有强大资金支持的企业就能活下来。这里拼的不是运营技能的高低，不是用户分析的准确性，而是企业的现金储备及持续融资能力。

互联网的人口红利消失，平台类产品更难冲出重围。因为平台产品需要做两边用户的拉新、留存和转化的工作，还要平衡两者的关系。所以，平台产品是产品运营中比较难运营的品类，要求运营人员有很强的节奏感。如果平台产品突破了双方的信息孤岛，让双边的用户能够良性地循环起来，也是所有产品中收益最高的品类。

3.3.2　工具产品运营

工具产品的运营工作做起来也不太容易，因为产品好不好用，对用户的留存和转化起决定性的作用，运营人员能够发挥能力的地方不多，而且工具类产品需要切入用户真正的需求点。如果有一天，用户发现了比你的产品更好用的产品，或找到了同类功能更好用的替代品，他们会毫不留情地删掉你的产品，投入其他产品的怀抱。

现在工具产品开通云端同步的功能，让用户把数据上传到云端服务器。有一天用户发现了好用的替代品，但是他的数据在你的产品服务器上，也是他舍不得走的最有效的理由。

为了提高工具产品的打开频率，大多数产品开始增加一些功能，如资讯、社区等，目的都是为了增加用户的黏性和活跃度。现在的 Boss 招聘，一个纯招聘的软件，也开始做社区的功能；现在的美图秀秀，一个修图的软件，也做了社区的功能；现在的万能钥匙，一个 Wi-Fi 破解软件，也开始做资讯的功能。工具类产品匹配资讯或社区似乎成了标配。

做工具产品运营工作，可以从渠道运营和内容运营两个方面切入。

在渠道运营方面，产品需要及时地补充用户，用不同的渠道带来用户。同时，做好渠道的数据分析，在需要时可以找到合适的渠道快速提升用户的注册数量。对于新增用户，可以通过内容的引导让用户更快地熟悉并使用产品。

在内容运营方面，可以在不同的时间段给用户推送不同类型的文案，让用户感受到除工具便利性以外的被关怀的温暖。许多工具已经开始用温情的语句打动用户，如"夜深了，你该休息了"。可以思考一下，你的产品在哪些应用场景中可以添加类似的暖心文案。

墨迹天气在 App 的界面虚拟出来一个用户，类似于小管家或小助手，可以根据不同的天气给出不同的提示语，给人很贴心的感觉，如图 3-2 所示。

图3-2　墨迹天气提示语界面

在工具产品中，运营人员需要做好用户的意见反馈收集工作，及时根据用户的反馈建议迭代产品，因为纯工具产品的用户一旦流失就很难挽回。在工具产品中，运营人员能够切入的方面比较少，可以适当地增加资讯、社区和数据分析功能，根据用户的数据给出不同的提示，做到个性化关怀的版本，前提是要做好产品的核心功能。

3.3.3　教育产品运营

教育产品的运营更多倾向于线上教育产品运营工作，而不是线下的培训机构。我有幸做过这两类产品的运营工作，依个人观点，线下教育运营更多倾向于线上获客，引流到线下的门店成交，而线上教育产品运营才是以产品为中心的运营。

线下的教育机构获客，把更多用户的联系方式放在咨询师手里，获客的运营人员拿不到用户的信息。而且，两者也是经常发生争论，咨询师经常说获客部门给的客户线索不好，获客部门经常说咨询师的转化能力不行。其实，两者在同一条链路上，谁也不能完全甩掉责任。纯线上的教育产品从开始获取用户到转化学习，全链路的数据，运营人员都可以拿到。而且，线上教育还可以做裂变活动，所以大多数教育产品运营人员必须具备裂变技能。

运营人员要想做好教育产品的运营工作，就需要做好渠道运营和用户服务。教学课程一般由教研部门负责，如果企业稍大一点，还需要做好企业的口碑和品牌。在渠道运营方面，运营人员可以选择两种方式，即低价获客和高 ROI 渠道。低价获客是指通过红利期的渠道低成本地获取用户，但是转化效果不太乐观，需要对用户进行培育。高 ROI 渠道是指渠道获取用户的单价较高，但是渠道用户可以直接付费学习，运营人员需要核算渠道的 ROI。

线上教育产品中用户转化比较好的途径是试听课。一般的线上培训机构都会利用这种方式转化用户，有不少类似的文案，如"原价 99 元，限时 0 元，仅限前 100 名"。宣传海报上还有醒目的标题、知名教师的背书、有利益点的文案，直接给出一个超级优惠，通常用限时免费或限量免费刺激用户听试听课，对于感觉不错的用户直接在线上缴费转化为付费学员。学员报名学习之后还应该有回访，听学员对课程的评价，以及对报名流程等事情的反馈，从而改进产品或服务流程。

　　运营人员在线上教育产品的运营链路有较多切入点，如渠道、内容、用户、活动、裂变、社群等，也能在工作中应用基础的运营技能和运营思维。对于培训机构来讲，最终比拼的是渠道获客能力和产品的丰富度。渠道获客能力决定了企业能不能生存，而产品的丰富度决定了企业能不能通过复购产生收益。课程是一次性的生意，用户不会二次购买同类课程，但是用户可能买相关的课程。所以，线上教育产品的特性也决定了运营人员要把工作重点放在渠道运营、用户运营上。在渠道运营上，要尽可能地低价获取用户；在用户运营上，提高用户对产品的满意度及复购率。

　　教育产品运营工作要求运营人员有大局观和前瞻性。特别是职业教育，运营人员要预判接下来可能会出现的行业风口和红利渠道。现在，较大的教育机构针对不同的产品线应该组织不同的运营团队，而且同一个流程节点上有多人负责，以便更好地转化用户。

　　如果你在一家小的教育机构做产品运营工作，可以先分析用户的报名路径，把每个关键点的转化率做到位，通过渠道运营和用户运营技能提升业绩收入。

3.3.4　To B 产品运营

　　To B 产品运营同样让人头疼。在 To C 产品中做得出色的人转去做 To B 产品运营工作，极有可能工作得非常不开心，需要有很长一段时间的调整期。

虽然 To B 产品也能完全采用 To C 产品的运营方式，但是运营技能可以用的程度比较低。To B 产品运营工作更像在极度细分的领域中获取用户，而用户大多不是购买的决策人，通过触达底层的员工推动企业购买产品是一件困难的事情。特别是单价比较高的 To B 产品，大多数依靠商务推进采购进程，而不是完全由运营人员决定。但是，运营人员可以通过运营手段加速用户的下单决策。

我原来在教育行业做 To C 产品的运营工作，到了范式后开始转行做 To B 产品的运营工作，突然发现自己掌握的 To C 产品的运营技能在 To B 产品的运营工作中好像失效了，而且也不能大批量地获取用户。在 To C 领域做产品运营工作的激情和成就感消失了，工作的自信心也在 To B 产品运营工作中受挫。

我不建议大家学习某些培训机构的全链路 To B 产品运营课程。To B 的转化流程包括线索获取、需求跟进、POC 阶段、产品交付及客户服务等。运营人员仅仅掌握线索获取的主动权，需求跟进由售前和商务同事负责，POC过程由商务、产品和技术人员跟进，产品交付由商务和交付同事跟进，客户服务由客户成功同事跟进，所以学习全链路 To B 运营课程的用处不大。

在 To B 的企业做产品运营，运营人员应该围绕渠道运营、内容运营开展运营工作。

To B 的渠道运营以搜索渠道为主，所获取用户的精准性较高，而且用户有较强的购买意愿。搜索渠道大多以 SEM 渠道为主，目前少有 SEO 渠道做得不错的 To B 企业，一般官网 PR 值做到 2 的都不多，这个权重在 SEO 领域中属于中等偏下的水平。原因主要是 SEO 渠道见效较慢，没办法衡量投入产出比，企业不愿意有较大的投入。

在内容运营的布局方面，许多企业都注册了自媒体、公众号和头部行业的社区账号。常见的头部社区有人人都是产品经理网站、CSDN 博客等。如果产品的目标用户为运营人员和产品经理，那么运营人员应该把制作的精品内容同步到人人都是产品经理网站；如果产品的目标用户为程序员，运营人员应该把制作的精品内容同步到 CSDN 博客。

在内容平台布局也鲜有出色的企业，大多数企业以介绍自己的产品内容为主。这类内容的阅读量和转化率都不好，因为大多数企业不重视内容平台，或者重视内容平台却不知道如何进行有效的布局，难以投入人力和资源做内容运营的工作。

To B 企业的内容运营工作应该分为四大模块：公关文稿、普通内容、连载内容和精品内容。

公关文稿依靠媒体分发，所以媒介关系对于 To B 企业比较重要。例如，企业发布了新产品、有了新的融资、与头部企业产生合作等都可以作为公关稿的宣传内容。企业可以通过媒介关系让记者帮忙写稿并发表，也可以通过运营人员写媒体内容，发布在头部的新闻平台上。此类内容主要用来巩固企业或产品在行业中的影响力。

普通内容以布局 SEO 的搜索渠道为主，在标题和文章中需要包含用户的搜索词。这类内容发布在企业的官网或博客平台，也可以发布在百家号或搜狐号等在搜索引擎中有较高权重的自媒体平台。围绕用户搜索关键词和用户在问答平台提问的问题制作内容，内容的质量要求不高，但是要语句通顺，可以解决用户的问题，同时利用 SEO 的操作技能提升关键词在搜索引擎中的排名。

连载内容常发布于自媒体平台，如知乎、头条号和百家号。自媒体平台都可以通过连载的方式吸引用户关注，内容来源可以是有深度的系列话题。以运营的话题为例，可以从获取用户、埋点、数据分析、精细化运营、客户关系等方面持续产出内容，提升产品或品牌在行业内的专业地位。

精品内容需要制作有深度的内容,这类内容大多发布在自己的公众号或头部社区平台,依托头部社区的平台账号吸引细分行业的用户。切记,这类内容不要写产品的技术实力或使用说明,一定是围绕用户的痛点或疑惑点打造系列的解决方案,而且要有较高的质量,可以刺激用户自发产生传播。这类内容属于高质量的 PGC 内容,并不好制作,需要联合企业内外部的专家一同打造。

现在是内容过剩的时代,即使团队打造了精品内容,也不一定能产生好的效果,还需要通过其他方式和渠道触达用户。运营人员可以发动企业的员工转发分享,可以通过付费推广的方式吸引更多目标用户,也可以在头部账号或"大 V"账号投稿带来目标用户。

To B 产品的内容运营见效较慢,不适合急需变现的产品。有人员和资金的 To B 企业可以选择内容运营实现业务增长。

有一些运营人员可以策划活动做运营工作,但是 To B 产品的活动大多以参加行业的活动为主,通过参加活动产出媒体内容。To B 产品通过活动签单是一件困难的事情,而且 To B 企业对外的活动由市场部承办,运营人员参与得比较少,参加行业活动与活动运营中的内容差别不大,这里不做赘述,有兴趣的读者可以参考 2.3 节的内容。

运营人员在 To B 行业做产品运营工作,很难在短时间内获得大量的用户,需要耐得住性子,通过渠道运营和内容运营的方式吸引目标用户。习惯了做 To C 产品运营工作的运营人员转行到 To B 企业做运营工作有一段不适应期,需要调整心态并踏实地研究 To B 的产品运营技能。

3.3.5 电商产品运营

这一节是电商产品运营,在本书中统称为店铺运营,而不是电商平台运营。店铺运营是基于第三方电商平台开通店铺，并开展以卖货为目的的运营工作。天猫、京东、拼多多等电商公司的商家和用户运营应该归结到平台产品运营工作中。

店铺运营工作一般围绕淘宝、天猫、京东和拼多多的规则展开。除了研究这些平台的常用技能，以及外部流传的黑技能，如刷单、黑车等，运营人员需要全局观看待店铺运营工作。

现在各个平台的 SKU 数量比平台的买家都要多，所以运营人员的重点工作应该是先选品，然后制定产品价格，最后摸清平台的流量来源和用户的购买利益点。随着电商平台的流量越来越贵，运营人员应该做好私域流量的运营工作。

老板常常陷入有货源就是极大优势的误区。所谓货源是某个朋友或自己有加工厂，生产出来的产品质量不如义乌批发市场的产品质量好，而且价格也没有批发的价格便宜。所以，运营人员应该有理性的认知，企业有源头资源不一定有大优势。

这节的店铺运营工作以淘宝和天猫为例，与其他平台的店铺运营思路一致，工具也大致相同，对于极细微的不同点请读者自行摸索。无论从哪里拿到产品，都需要先进行选品和测品才能上架销售。选品工作需要统计同类型产品的销量和评价，通过生意参谋查询行业关键词搜索指数，分析竞争压力。如果同类产品中，头部商家每个月的销售量能上百万，那么新产品突围的可能性就不大。测品主要利用直通车测试主图点击率和宝贝转化率，新品上架之后，先做基础销量和基础评价，只能通过刷单和刷评价完成，一般不超过30 单；然后把产品链接放在直通车里进行推广，拿到数据后删除测试宝贝的链接，把数据放到 ROI 模型中进行分析，选出符合 ROI 模型的产品，同时选出产品点击率最好的首图和转化率最好的详情图，重新上架进行销售。

产品上架后需要通过直通车、钻展、淘宝客、活动或内容等方式引流，吸引用户进来购买产品，同时让客服团队做好询盘转化和售后接待工作。

运营人员需要做的工作比较多。大多数的店铺运营企业都不大，运营人员需要身兼多职，如文案撰写、落地页制作、推广和私域流量运营等。而且，运营人员在企业的话语权重也很高。

在店铺运营中，文案可以参考 2.1.4 节的内容，渠道中的直通车可以参考 2.2.2 节 SEM 的内容，钻展可以参考 2.2.2 节 DSP 的内容。现在电商平台讲究场景化的图片，把产品放入使用场景中进行拍摄，引起用户的购买欲。落地页的制作逻辑分为引导区、转化区、属性区和信任区。引导区是利益点驱动用户转化，可以是促销价格、总销量和送礼品。卖点区包含 1 个核心卖点，3～5 个辅助卖点和场景化卖点，利用 FABE 法则结合用户使用场景提炼卖点。属性区则展示产品的外观、细节和功能。信任区可以用企业或产品获得的证书、产品独特的服务和权威媒体报道等。

淘宝客是 CPS 的销售模式，需要运营人员核算店铺的 ROI，一般不亏钱就可以开通淘宝客销售产品。在产品换季时，有些卖家会通过高额优惠券进行促销，把店铺做到第一层级，利于申请官方的扶持资源。这种做法的风险系数较高，我不建议小卖家采用。淘宝客的销量不纳入权重的考核范围，也就不能提升宝贝关键词在淘宝 SEO 的排名。

活动可以分为店铺自有活动、平台常规性活动，如聚划算、淘抢购等，以及大型的节日促销活动，如"618""双十一"等。店铺自有活动按照运营计划有节奏地进行，聚划算和淘抢购这类促销活动每天都有，需要运营人员根据运营计划报名。大型的节日促销有一定的筛选门槛，而且报名时间比较早，一般提前一个月会截止报名，运营人员一定要注意官方的通知。

内容运营更多采用直播渠道，运营人员筛选一个好的带货主播，很容易做出较大的销量。所以，工作重点是找好主播，并通过以往数据进行分析，筛选出合适的主播。其他内容渠道如淘宝头条、有好货等可以由运营人员操作，也可以通过中介代理机构发布内容。

这节没有讲淘宝的SEO，因为SEO与销量、评价有很大的关系，官方已经弱化了上下架时间的权重。运营人员做好选品工作，把产品的详情页做到高转化率，而且做好客户服务工作，关键词一般会有不错的排名。

许多商家也会做好评返现工作，如果仅仅通过好评返现获得一个五星评价，那么流量就浪费了。如果运营人员能通过公众号或微信个人号把流量运营起来，搭建企业的私域流量池，才能发挥好评返现的最大价值。

在店铺运营工作中，产品永远是第一位的，用户可以对产品进行评价和打分。所以，千万不要把烂产品当作好产品来销售，这样做很容易把店铺运营倒闭。

店铺运营是应用技能最多的工作。以用户为中心打造产品和落地页，研究平台的规则，在规则之内利用运营思维做好拉新和转化工作，一般店铺会做出不错的效果。

店铺运营是极度烧脑，而且看似光鲜、实则很苦的工作。运营工作做得好的店铺也能赚大钱，不过能够赚钱的运营人员就太少了。一个店铺能够运营得出色，除了运营人员的功劳，还有物流仓储和客服团队的很大功劳。

3.3.6 自媒体运营

自媒体运营本质上是内容运营的工作。代表性的平台有公众号和头条号，这两个平台的差异点在于公众号需要自己聚集粉丝，而头条号会自动分发内容给用户。所以，在公众号平台，运营人员除了制作好内容，还需要引流；而在头条号，运营人员只需专心做好内容即可。

公众号属于中心化平台，头条号属于去中心化平台。从粉丝价值来看，中心化平台的粉丝黏性和价值更高，账号聚集粉丝越多，文章阅读量越高；去中心化平台要不断地通过内容吸引用户，而且内容的阅读量与粉丝数量之间没有必然的联系。

中心化平台需要运营人员引流，常用的方式有抓住热点策划内容，写出高质量的文章让读者自动点在看、转发，并让其他"大V"账号转载。我见过一个新号，在腾讯视频号刚出来时，运营人员写了一篇视频号的操作文章，第一篇文章的阅读量就超过10万次，这就是属于蹭热点的文章。也有人写出了高质量的文章，依靠别人转载和转发带来10万次以上的阅读量。这类文章有两个特点：第一，明星企业、明星地区或明星组织做背书；第二，文笔合格，结构合理，篇幅大于3000字。

在去中心化平台，文章的推荐量对账号的质量有一定的要求，与发文的频率和内容的定位也有一定的关系，用户的阅读完成率又会影响文章的推荐量。总之，去中心化平台是应用深度学习模型结合用户的行为给用户推荐个性化内容。

无论是中心化平台，还是去中心化平台，第一步都需要对账号进行定位，根据账号的特点和优势选择适合自己的内容；确定定位之后先不要着急注册账号，而是先写10篇以上的文章，验证领域中的定位是否适合自己，确定了自己可以持续输出内容之后再注册账号并对外发布内容。去中心化平台的文章标题、质量和配图非常重要，中心化平台的内容还需要投稿到其他平台，或进入投稿群让其他作者自由转发。运营人员持续地输出文章需要灵感，灵感来自于交流、读书、用心观察生活。因此，选择对应的领域应与自己的工作或兴趣相关。最好与工作相关，每天都在做类似的事情，可以源源不断地给你提供内容产出的灵感。否则，工作之外，你还需要花较多的时间学习其他领域的知识，尤其在工作比较累时很难坚持学习并输出内容。

关于内容的更新频率，如果是企业的账号，最好一天一更；如果是自己的账号，理想状态是一天一更。对于工作节奏比较快的读者，可以选择一周一更或一周两更，在自己能够产出内容的能力范围之内更新文章，不要强迫自己每天更新。如果把神经压迫得过于紧张，写文做自媒体的道路就很容易被断送。

3.3.7　社群运营

社群运营在运营工作中最像客服工作，许多运营人员也把社群运营做成了客服工作。

在创建社群之前，运营人员一定要想清楚为什么做社群，群用户的中心聚集点是什么，能给群用户提供什么价值，群规是什么，策划什么样的话题可以刺激社群的活跃度。想清楚这些问题，再做社群也不迟。

社群要有中心聚集点，可以是产品、个人、地理位置，也可以是相同的关系。总之，把用户聚集到群里需要有一个借口，所以产生了不少产品群、粉丝群、小区群、同学群等。产品群的作用是更好地为用户服务，粉丝群的作用是讨论相同的观点，地理群的作用是方便大家的生活，关系群的作用是联络大家的感情，这都是为群用户提供的价值。制定的群规，大家都需要遵守，包括群主和管理员。一旦打破了群规，群主的权威在用户心中就会下降。所以，群规是红线，无论是谁都不能打破。组建群后，运营人员需要知道群里的人喜欢什么话题，通过策划话题不断地刺激群用户发起讨论。

我之前以产品为中心聚集点组建了 QQ 群，围绕产品的功能和用户关心的内容设计了一系列的话题。产品是推荐系统，在群里会讨论 SEO 怎么做，如何提高收录等。在社群刚建立时，我每天都会在群里与用户聊天，带动群的活跃度。后来，不需要我去策划话题，用户也会自发地聊天。我负责了新产品的运营工作之后，与群用户的关系逐渐疏远，群也没落了。

无论社群运营做得再好，社群中都有20%的用户活跃，80%的用户沉默，还有大量的用户潜水，也会有用户的流失。所以，我个人倾向要在社群最活跃时将其可以贡献的最大价值挖掘出来并加以利用，因为社群最终会走向衰落。

做社群运营工作不要害怕失败，98%以上的社群都是"死群"，你可以看看自己加入了多少个群，真正发言的群有几个。运营人员要多想和多做，总会有把社群运营起来的方式。

运营工作最终归结到渠道、内容和活动运营技能上，不同的产品类型有不同的侧重点，把握住产品之间的细微差别，跨产品做运营工作就不是一件难事。在工作中，我不建议运营人员一直换行业、换产品地做运营工作。互联网的红利消失之后，已经显现行业互联网的价值。在行业互联网中，最有价值的是精通行业规则的运营人员。我建议读者在未来找到自己喜欢的行业和产品，在行业和产品中深耕，成为其中的专家。

3.4 运营的根本

前面讲了那么多的运营技能和运营理论，如果你想成为一名合格的初级运营人员，前面的内容已经够用了。这一节会拓展基础运营人员的眼界，让你可以更好地完成工作。在工作中，无论数据推理得多么正确，运营计划写得多么完美，如果没人协助你，计划就很难实施下去；如果你搞不定计划中需要的资源，那么就很难把工作做成功。

这一节会通过人和事两个方面，把初级运营思维拔高到运营经理的高度。后面几节更偏向从零开始地做运营工作。绝大多数的初级运营人员在找工作时，也会遇到类似的情况。在万事都不具备的情况下，管理层想依靠运营人员强制开始产品的运营工作，更需要运营人员有良好的人际关系和协调能力。

3.4.1 处理好人际关系

运营工作需要不断地处理好人际关系，让别人帮助自己实现想法。所以，一些企业对运营人员要求情商和智商双高，也有一定的道理。情商高的人可以与不同的人处理好关系，智商高的人可以用不同的方式来解决问题。

从你开始接触运营工作到真正主导运营计划，整个过程离不开内部同事和外部朋友的支持，这些人都是你做运营工作的资源。运营人员能不能把工作做好，有时候取决于掌握了多少资源。

从你有想法与同事讨论，从计划成型到管理层听审，从文案写作、素材设计、功能研发到产品测试，以及对外需要资源置换或互利合作，都需要人际交往能力。在与所有人交往的过程中做到利他主义，交往就成功了一半。利他主义可以概括为话要讲清楚、事要做清楚、自己多做一点、少点评一点。

话要讲清楚

你在和同事交流想法或运营计划时，一定要向同事简单地说明其背景，让同事知道为什么要这样做、这件事对企业有什么价值或有什么帮助，让同事全面了解你的想法或计划。沟通过程中少用模糊的概念，能用具体数字表达的一定用具体数字，做到简明扼要、直击重点。

事要做清楚

运营人员找领导申请资源时，应在运营计划中罗列清楚需要的资源和人力、期望的到岗时间、最终的产出结果。所有事情都要有明确的截止时间和负责人。而你所负责的模块一定要按照计划节点进行，千万不可因为你而耽误进度，毕竟你是项目的发起人和负责人。

自己多做一点

在项目缺人时，你千万不要吝惜自己的才华，文案能够自己写，就不要推给其他同事帮你写。在项目人员充足时，该谁负责的事情就谁负责，千万不要抢了别人的工作。虽然你多做了，但是别人也会不开心，这是对别人专业的不信任。

少点评一点

千万不要用自己业余的眼光评论别人的专业。特别是面对文案写作和图片设计这两个人人都能评论的工作时，你一定要收敛自己不成熟的想法。对稿件的修改不要超过三次，超过三次就是你没有想清楚或沟通清楚。对于做设计的同事，不要说往左挪一点或往右挪一点，如果自己真正有想法，最好精确到像素，否则就不要提。对于颜色调整，千万不要说换个颜色看看，如果自己有想法就把色调告诉设计人员。

除了做好以上工作中的四条基本要求，还有两个小技巧：千万不要吝啬你的感谢和赞美，千万不要吝啬你的钱包。在工作中别人帮助了你，虽然是分内之事，你也要说声感谢；别人做完工作后，你要夸赞做得不错。在一场运营活动结束后，特别是打了一场硬仗，请同事喝杯咖啡或奶茶，这些都是你人际交往的加分项。当然，前提是要把以上四条基本要求做好。

如果外面的朋友帮了你，你可以趁着公司给客户送礼品时也申请给朋友送一份。如果在同一个城市，最好约出来吃个饭，增进一下感情。如果在不同的城市，那就在别人需要帮助时伸出援助之手。

工作中没有理所当然的帮助，这些小技巧可以增加你在别人心目中的好印象，也会给你带来不错的人际关系。这些关系是你做好运营工作的资源，也是未来职场中最有可能给你帮助的人。运营工作有时不是拼技巧，不是拼能力，而是拼谁能迅速地聚拢资源，把事情做成。

3.4.2 做好事情

处理好了人际关系，获得了必要的资源之后，你能不能做好事情，才决定运营工作是否有成效。处理好人际关系只是工作中的小部分加分项，做好事情才是运营人员应该具备的素养，而且能够让个人能力得到最大的锻炼。

在工作中把事情做好，大概可以总结为两个模块：主人翁心态和目标导向。

主人翁心态

运营工作应该是运营人员主导的事情，所以运营人员对事情都要上心并过问，切不可认为事情由其他同事分担就万事大吉。特别是时间排期比较紧张时，运营人员要勤过问过程的时间节点，避免在重要的关键节点掉链子。

目标导向

运营工作中有压力很正常，运营毕竟是背负 KPI 的岗位。想一下做出好的结果，对于个人的职业生涯是一件好事，积极地应对工作中的困难，把自己的心态放正，把工作当成自己的事业来做，遇到一点小障碍都不是问题。

运营工作中的事情大多细而碎，有目标不认真分析可执行的链路，不制定运营计划，在工作过程中就会丢三落四，不注重微小的细节，可能会导致整个计划的效果大打折扣。

有了计划之后考察运营人员的执行力，二流的运营计划配合强大的执行力也能出现不错的效果。而一流的运营计划配合三流的执行力，最多也就能做出三流的效果。所以，执行力在工作中比完美的运营计划还重要。

目标导向在运营工作中非常重要，完成目标或超额完成目标应该是运营人员的追求。有了它，运营人员可以很好地把控进度和实施计划，并把要点串联起来。运营人员在工作中时刻不要忘记工作目标，围绕目标制定运营计划并不折不扣地执行，职场才有前景。

工作推进的过程中总会有大大小小的波折，很少是一帆风顺。运营人员需要具备见招拆招的能力，也要有排除艰难险阻的魄力，不断地在资源匮乏中搞定一切并完成目标。这也是运营人员应该具备的能力。

产品是一切运营工作的根本，而产品运营远没有想象的简单和风光。如果你仅仅是看着别人做运营工作很爽，在缺乏资源的环境中会让你丧失对工作的信心。特别是在创业团队做产品运营工作，大多数事情都是运营人员一个人操盘，领导还期待你有翻云覆雨的本领，而且企业的运营条件还不具备，产品是从 0 到 1 的过程，面临各种不确定性。完成产品增长的要求是运营人员在工作中的理想状态，而大多数产品还没有起步就已经倒在了路上。

完成运营工作可不是花钱投广告就可以做好的，很有可能预算都不够。在这种情况下，还需要做种子用户，做业绩增长的工作。现在，你可以考虑一下，在这种条件下如何开展运营工作。如果有想法，请拿笔记下来，避免遇到这类情况时不知如何开展工作。如果你还没有好的想法，下一章的内容可以帮到你。

第4章

增长是根基，
转化是根本

任何产品都需要用户增长，即使微信、淘宝和今日头条这类巨无霸产品也需要拓展新用户。如果产品的用户量停滞不前，证明产品的价值到了顶峰，否则就应该一直增长。

互联网的红利消失后，通过渠道获取用户的单价越来越贵，大家开始寻求低成本的获客方式，并且通过数据分析逐渐提高用户使用路径上节点的转化率。于是，增长和转化被越来越多的运营人员讨论。不过，运营人员也不必紧张，红利消失大多是对巨头企业影响较大，而大多数创业团队并不需要全国的所有用户，一些细分领域还存在红利，也有低成本增长的机会。

有增长，才有用户；有用户，才有商业逻辑；有商业逻辑，才能赚钱。所以，用户增长是企业生存的根基，而且运营人员的很多工作也是围绕增长进行的。

近两年，大家对于增长谈论比较多的增长产品、增长黑客等，增长的方式大不相同，最终目的都是要打造用户数量持续增长的产品。

有用户增长，还需要有对应的转化率。新增用户完成了产品中设定的路径，才能得到商业收入。收入可以来自点击广告、购买产品或服务，只有用户转化为忠实用户并在商业收入上有所贡献，产品才能持续地存活并为用户提供价值。

所以，在产品运营工作中，有用户增长，产品才能有未来。而有用户转化，产品才能有生存的根本。

4.1 增长的途径

我见过很多运营人员，聊起用户增长就是利用单一渠道。从0到1的过程，增长是验证产品能否有前景的唯一手段。如果仅仅把增长方式定义为投放广告，运营人员的思想就有点落伍了。我在工作中把增长定位为两个方向：拉新增长和存量增长。拉新增长是通过渠道获取新用户的增长方式；存量增长是盘活已有用户，通过老用户带动新用户的增长方式。

4.1.1 拉新增长

拉新增长中比较重要的运营技能是渠道投放和文案写作。选择优质的渠道，写出吸引用户的文案，已经完成了普通运营人员眼中的拉新增长工作。

在渠道拉新之前，运营人员应该先体验用户使用流程是否顺畅，分析产品能否满足用户需求。渠道拉新的整个流程包含产品分析、用户分析、物料准备、体验流程、上线测试、选定渠道及放大渠道7个步骤（见图4-1）。这7个步骤并不是连串的，而是在放大渠道完成后需要不停地上线测试新渠道，把渠道的效果最大化，低成本地满足产品的增长要求。

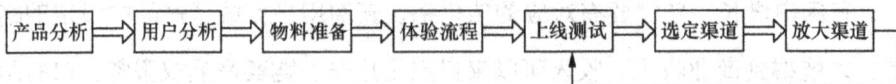

图4-1 拉新流程

产品分析

根据产品特性选择适合的渠道，所以运营人员要了解渠道的特性。如果你忘记了渠道的特性，参考2.2.2节，根据产品的特性选择合适的渠道。

用户分析

运营人员分析设定的目标人群或产品已有的用户，找到目标用户的聚集地，选择合适的渠道并应用对应的技能获取新用户。如果你不知道如何选择合适的渠道，参考 2.2.4 节。

物料准备

每个渠道对素材都有尺寸要求。针对不同渠道的用户群体，素材在配色和文案长度上会有细微的差异，这些差异会影响广告素材的点击率。所以，运营人员要根据渠道特性和用户特性设计素材与写文案。例如，同样是投放 DSP 的渠道，在今日头条投放的素材和在趣头条投放的素材就需要用不同的配色和文案。因为今日头条的人群以一二线城市的居多，而趣头条多为下沉市场的人群。渠道的展示尺寸决定了素材的尺寸、配色与文案字数。

体验流程

运营人员在渠道上线之前，应该模拟用户从看见广告到使用产品的全流程操作步骤，体验流程是否顺畅，在整个流程中有没有跨平台、跨流量圈的步骤。如果有，运营人员应该及早规划并解决这类问题。如果在投放过程中出现了类似的问题，证明你没有根据产品的特性选择合适的渠道。现在很少有运营人员在 SEM 渠道中投放 App 下载，不少运营人员会在 DSP 渠道中投放交友 App 和游戏 App 下载。在 DSP 渠道中，按照人群属性推送，用户可以直接点击下载并安装。而 SEM 渠道中投放 App 需要触发特定的关键词，搜索用户下载 App 的欲望不高。如果在 PC 端的 SEM 渠道中投放 App 下载，就是跨平台、跨流量圈的投放，属于非常规操作，应尽早停止投放，避免损失。运营人员要在素材上线、正式投放之前模拟演练用户操作流程，如果先充值并上线后做测试，对企业来说是一种损失，而且很多第三方的 DSP 平台充值后不退款。

选定渠道

运营人员在体验用户操作流程之后不是立刻充值并进行广告投放，而是需要小额充值进行数据分析。特别是与第三方 DSP 平台的人员沟通时，先商定好测试的金额，也可以商定测试后再进行付费。渠道测试的定向条件与正式投放的定向条件保持一致，只是用少量的钱测试渠道 ROI 是否达标。拿到 1000 个广告点击数据后，就能核算渠道质量是否达标，也就得出渠道是否值得充值并进行广告投放。

放大渠道

如果渠道适合产品投放，需要加大渠道预算的投入，在增加预算之前，先了解渠道每天有多少量，渠道的上限在哪里。特别是第三方 DSP 渠道，如果投放了所有的量依然不能满足增长要求，就要合理地分配预算并拓展新渠道。而且，对于在渠道上充值多少钱，也有预期值。在巨头的广告平台，你只需要申请并控制预算就可以，因为平台的充值金额不可能花不完。

有些渠道在测试时效果不错，但是广告真正上线后可能会出现数据的偏差，甚至不达标的情况。运营人员应及早联系代理商停止投放并退钱，立刻更换备用渠道。

即使已经有几个不错的投放渠道，运营人员也要不断地测试新渠道，保证渠道的可用性和覆盖率。如果有渠道出现变动，运营人员可及时地更换渠道，或者通过测试新渠道寻找获客单价更低的渠道。

目前，拉新增长的方式还是依赖渠道运营技能，通过渠道的广告投放完成业绩增长。

4.1.2 存量增长

存量增长是利用已经构建起的流量池，发动用户对产品进行宣传。现在有时髦的称谓叫裂变。教育行业中除了裂变增长，还可以通过转介绍实现增长。其他行业还可以通过代理模式实现增长。

存量增长无论是哪种叫法，都要依靠已有的用户，通过利益或内容刺激用户转发朋友圈或介绍人际关系，完成业务的增长。

利用存量增长的方式，需要有足够多的存量，而不是仅靠现有的几个用户就想通过裂变或代理的方式刺激业务增长。而且，存量增长的方式不适合高客单价的 To B 产品，比较适合 To C 产品或低客单价的 To B 产品。

4.3 节会详细地讲述裂变的过程，这节中的存量增长是指通过代理模式实现增长。

任何行业都可以利用代理模式实现业务增长。微商行业有较严格的代理制度，运营人员可以参考并简化这种制度，让大多数代理用户不用费脑筋就可以知道应有的收益。而代理制度需要设置阶梯返点的方式，在完成对应的目标时可以得到对应的奖励。我设定的阶梯代理制度如下：介绍 1 ~ 3 人学习，享受 10% 的提成；介绍 3 ~ 10 人学习，享受 12% 的提成；介绍 10 人以上学习，享受 15% 的提成。

招募代理时会有很多人报名，这些报名的人绝大多数是脑袋一热，根本不能带来客户。真正能够做出效果的代理只有 10% 左右，你所有的工作都是围绕这 10% 的代理进行，而不必关心其余 90% 不能做出效果的代理。所以，我要通过筛选制度淘汰不能做出效果的代理。因为不能做出效果的代理的事情比能做出效果的代理的事情要多许多，通过对代理进行筛选，可以节省90% 以上的工作量。

于是，我先设定预备代理制度。在预备代理阶段，代理都要学习基本的知识和技能。大家的待遇是一致的，从预备代理转正为正式代理需要推荐1人进行学习。大家要利用学习的基础知识和技能在实践中获取用户线索，只有通过执行力拿到的用户线索，在后期才有可能转化为付费用户，预备代理也才有可能晋升为正式代理。这一步筛掉了没有执行力的预备代理，从此也不用为他们服务和回答问题。

代理的人数在于精，而不在于多。代理需要有强大的执行力。因为所有传授的知识和技能都是我在工作中应用的。有人可以做出效果，而有人做不出效果。做不出效果，证明这个代理的执行力不行。如果大多数代理都是滥竽充数，他们极易扰乱市场体系，对企业或产品的口碑造成不好的影响。

对于转正的代理，我们才会进行一对一的辅导，解答工作中遇到的问题。如果在预备代理中就解答问题，做不出效果的人反而问题最多。而且，他们还不执行运营方案，在这个阶段解决问题会占用运营人员较多的时间。

有些产品需要代理囤货，有些产品不需要代理囤货。而我的产品本身是课程，不需要代理囤货，只需要代理把用户的微信给到我的团队，由我的团队解决转化和上课问题。报名之后，代理等着到月底拿钱就可以了。

原来，我以为代理模式是凭借双方的信任。其实并不是，曾经有个代理通过互联网渠道给美容院找客户，美容院每个月给代理结算佣金。为了制衡美容院可能出现少计算提成的问题，他就告诉客户：你去美容院提我的名字打折，而且你做完美容之后把付款截图给我，我再送你一套化妆品，或给你2%的返现。

客户去美容院之后提了他的名字，可以享受9折优惠。客户消费完之后，代理获得10%的返现，他再分给客户2%的返现，自己赚到8%的返现。这样就完美地避免了美容院少报收费或漏报人数的情况。

在代理模式中，代理与企业之间的问题需要依靠制度解决。代理之间可能会出现低价抢客源的情况，这样会扰乱市场价格，企业在处理时一定不能手软，要按照规章制度办事，并把事情通报给所有代理，以儆效尤。

如果你运营 To C 收费的产品，而且积累了一些忠实的用户，完全可以尝试代理制度，通过付费用户带来更多的新付费用户。许多运营人员策划邀请新用户充值并返现的活动，就是使用代理制度加裂变的混合形式。如果你的产品需要充值或购买 VIP 之后才能使用高级功能，不妨策划类似的活动，拉动存量用户，带来产品的用户增长和业务增长。

4.2 如何玩转渠道

互联网的渠道那么多，而且未来会有很多新兴渠道出现，也会有不少渠道消亡。在渠道涌现和消亡的过程中，运营人员如何才能快速地上手操作适合产品运营的渠道？

在业务增长中，玩转渠道是运营人员必备的技能之一，大多数产品依靠渠道进行拉新。即使依靠增长黑客理念实现低成本的增长，前期也需要通过渠道积累用户数据，供你分析。如果依靠渠道实现用户增长，你可能会想到利用内容获取用户。而内容是通过渠道对外展示的。所以，运营人员玩转渠道是业务增长的根本。

4.2.1 产品和渠道相匹配

前面已经概括性地讲解了产品和渠道的匹配技能，这里还是写成一节，因为产品和渠道相匹配太重要了。除非大众型的产品，其在任何渠道上都能推广。即使这样，也需要在渠道中开启人群或地域的定向条件。

在运营产品时，运营人员始终要记住分析流程：首先分析产品功能和优缺点，其次构建目标用户画像，最后了解渠道的规则与操作技能。产品的功能结构和用户画像并不是一成不变的。在投放广告获取用户的过程中，可能会根据用户的建议更改产品的功能结构，也可能会根据数据分析修改目标人群和投放渠道。

虽然本书讲的是互联网运营的内容，但我还是要劝大家，不要迷信互联网这个渠道。对，你没看错，互联网无论如何便捷与好用，它只是一个获客渠道而已，在这个渠道中获取的用户被互联网产品所承接，你在他人的渠道中获取用户就需要缴纳推广费用。

随着互联网渠道的获客成本大幅增加，有时候线下获客反而是更好的选择。所以，渠道并没有严格的线上和线下之分，也没有好坏之分，只有适合不适合而已。

大多数时候，按照产品属性和用户属性筛选出来的投放渠道是没有问题的，这些内容在前面都已有阐述。这里给大家阐述一种意外情况，也是告诉大家，分析完渠道之后需要进行渠道的测试，只有通过测试的渠道才能投放广告。

我在运营智能编程软件时，产品可以通过人工智能的代码补全手段帮助程序员提高编写代码的速度。这是一款在电脑上应用的产品，按照正常的分析理念，我应该投放到 SEM 和程序员聚集社区的 PC 端的广告位，我也是这么做的。然而，获客单价奇高无比，获取单个用户的注册成本在 150 元左右。对于工具类的产品，这样高的客单价是不能接受的。于是，我就转向了在公众号平台的"大 V"账号投放广告，获客单价在 6 元左右。

按照正常的逻辑，PC 端的产品在 PC 端投放广告，效果应该比较好。但是，渠道测试结果表明，在移动端投放广告的性价比较高。事后分析原因，我认为公众号中用户比较聚焦，大多是目标用户点开文章看广告，只要软文写得不是太糟糕，最终的结果就不会太差。

给产品匹配适合的渠道，运营人员千万不要相信类似人群的投放经验。智能补全产品在公众号投放的效果不错，后来我做 HyperCycle ML 产品运营工作时就犯了相信经验的错误。

HyperCycle ML 也是一款针对开发者人群的人工智能产品，属于 To B 的产品，投放的最终效果是拿到有商业价值的线索。我的第一反应是选择公众号渠道，因为有相同人群的智能补全产品，我相信在这个渠道的获客效果应该很不错。

这次投放完全以失败告终，获取用户线索的单个成本在 46 元左右，远超 9 元的预期单价。而注册产品的试用用户都是学生，没有任何商业价值。所以，在产品和渠道相匹配的过程中，运营人员一定要结合当前的业务目标、产品属性、给用户提供的利益点，综合考虑选择最适合的渠道。

根据筛选出的渠道的重要性进行排序，以最小成本进行测试，拿到数据并分析，才能确定产品与渠道是否匹配；不要依靠投放过类似产品的经验，因为这种经验通常不靠谱。

4.2.2 快速掌握渠道的玩法

随着新兴渠道的崛起，未来会有更多的新兴渠道运营技能。或者你的产品比较小众，只能投放极小众的渠道，而极小众的渠道又不在本书讲述的渠道类别之内。现在不要觉得没办法开展运营工作，这一节会告诉大家如何快速地搞定新渠道并做出效果。

在新兴的渠道中，付费渠道大概率以 DSP 形式为主。按照 DSP 的技能进行投放，一般不会出现太大的问题。如果是固定广告位或开屏广告，需要充值小金额进行测试。现在的用户越来越聪明，大家点广告的意愿很低，先测试才能确定渠道的质量。对于免费渠道，运营人员需要先细读渠道的规章制度，总能有意外的收获。渠道中的临界值也就是运营人员可以操作的空间，运营人员按照自己发现的可操作空间进行多账号测试，几轮测试下来，可以确定平台的操作临界值和具体的操作技能。

如果你还不知道怎样测试免费渠道，那就观察平台上已有的用户账号。总有一些人对钻研规则比较上心，而且也做得比较好。通过研究竞争对手，你可以快速了解渠道的技能，这也是比较快速掌握新渠道的方法。

所以，对于新兴起的渠道，多测试是有好处的！

4.2.3 渠道和转化

无论选择哪个渠道，最终目的都是为了转化用户，完成企业的业务目标。其中，能够获得用户并直接形成转化的渠道是最优选择渠道。

如果你的目标是为了增加产品使用人数，那么围绕拉新工作设置运营流程的转化节点需要重点考虑。如果你的目标是完成产品的销售额，那么扩大投放用户群体并优化购买流程需要重点考虑。

通过渠道拉新或利用运营技能转化用户的过程，每个节点都会影响最终的结果。所以，从渠道到转化的每个节点都应该做好数据统计工作，支撑后续的数据分析并优化节点的转化率。

如果投放流程没有数据统计功能，那么如何判定渠道的转化效果呢？我曾经在投放公众号软文的过程中遇到这个问题，现在请你思考一下解决方案。

我操作的产品是以用户拉新为目标，按照自己总结的标准化流程做数据统计工作，优化渠道投放广告的流程。首先，遵循穷尽原则，对转化路径进行拆解，并在细节上进行多维度的拆解。拉新流程拆解如图 4-2 所示。

看到广告 → 点击广告 → 落地页 → 注册 → 试用 → 使用

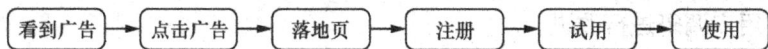

图4-2　拉新流程拆解

公众号"大 V"渠道投放广告，没办法利用埋点统计全链路的节点数据，但是邀请用户进群这条链路的节点数据还是容易统计的。然而，我在公众号生态中投放广告，用户需要去官网下载工具并在电脑上安装使用，因此很难统计整条链路的节点数据。

我的解决方案是用 Excel 按照日期进行统计，后一天统计公众号投放软文后整个流程上的数据，忽略其他日期的长尾流量，通过表格记录前一天的阅读数、进入官网的 IP 数、用户注册数量、用户下载数量、用户使用数量。虽然这种记录形式有误差，但是比没有数据统计、仅靠猜测进行分析要靠谱许多。

如果链路数据统计不能通过埋点形式解决，就可以采取人工记录的方式。最好是链路埋点进行数据统计，以达到精确分析数据的要求，减少误差。

在拉新的拆解流程中，我们要统计广告的展示和点击次数、到达落地页的次数、用户注册账号的数量，以及用户申请试用、开始使用的次数。如果广告点击率偏低，则是广告宣传图或标题不吸引人，在 SEM 和 DSP 中也有可能是出价偏低，这时需要修改广告素材或提高出价。如果点击广告的数量与到达落地页的数量差别较大，可能是落地页的打开速度较慢，我们就需要进行全国测速，观察在某些地区是否有打不开的情况。如果注册率偏低，可能是落地页的文案不吸引人，也可能是注册流程有问题，我们就要先测试注册流程是否畅通，其次考虑更换落地页文案或重新设计落地页。如果申请试用率偏低，可能是申请按钮不突出，或者产品卖点不突出。我们可以尝试更换按钮的颜色或加大按钮图标，也可以重新提炼产品卖点文案。如果使用率偏低，可能是上手手册写得不好，也可能是用户使用引导做得不好，我们可以通过用户调研进行改进。

在链路上调整可控的因素，提高流量的最终转化率。假设在优化之前，链路的转化率为 3%×80%×10%×60%×20%，最终从广告曝光到用户使用的转化率为 0.029%，即 1 万人看到广告，最终只有 3 人使用。如果运营人员把链路的转化率提升到 5%×95%×12%×80%×80%，那么从广告曝光到用户使用的转化率为 0.36%。如果投放过程中按照 CPM 计费，企业并没有多花钱，但是获客成本大幅降低了。所以，优化渠道节点的转化率，可以更好地完成企业的业务目标。

4.3 如何做好裂变

现在流量越来越贵，大家都开始想用低成本的方案实现用户增长，近两年比较热的方式有裂变和增长黑客。目前，大家常说裂变主要是指社群裂变，其实通过产品本身也可以做裂变活动。

但是，做好裂变活动需要有前提条件。前提条件对活动结果起到了决定性的作用，而大多数运营人员做裂变活动时忘记了前提条件。所以，大多数运营人员的裂变活动没有效果。

4.3.1 做好裂变的条件

做好裂变活动有两个前提条件。第一，现在的流量池是否足够支撑做好裂变活动；第二，活动中提供的福利是否可以吸引用户。运营人员先思考企业是否具备这两个条件，然后考虑做裂变活动的具体手段。

裂变活动能刺激用户的心理，让用户自发地产生分享动作，占领用户的朋友圈或好友关系。

　　提及裂变活动，就不得不提拼多多的砍价活动。拼多多的运营人员对用户的心理把握得非常准确，刺激已有用户把商品链接分享给微信好友，邀请好友帮忙"砍一刀"，极大地拉动了用户的增长。在砍价活动中，经常登录拼多多的用户砍掉的价格很少，而新用户砍掉的价格比较多。不过，拼多多在砍完价格之后，对于新增用户的运营工作做得不到位，通过砍价活动带来的新增用户的留存率应该稍微差了一点。

　　拼多多又推出了邀请好友提现 100 元的活动，对用户心理的把控则更加到位。活动开始邀请用户，现金账户金额增长得很快。但是，在现金账户到 98 元之后再邀请来用户，现金账户金额就增长缓慢；邀请到登录过拼多多的用户，每次增长 0.02 元左右。前面大金额的增长刺激用户做分享动作，让用户熟悉活动形式。参与活动的用户熟悉了活动形式，而且现金账户已经到了 98 元甚至 99 元，看似马上就能提现 100 元红包，便开始大量地把邀请链接发给微信好友，以为邀请几个好友就可以完成，实际上还要邀请几十个好友。拼多多领红包的界面如图 4-3 所示。

图4-3　拼多多领红包的界面

很多人刚参与活动觉得很容易就能获得 100 元的现金红包。但是，大多数用户在参与的过程中就放弃了，很少有用户能够领到 100 元的红包。

如果产品有较大的流量池，要想做一场效果不错的裂变活动，运营人员可以观察竞争对手做裂变活动的方式，给出类似的利益点，把竞争对手的规则稍作改变就形成了自己的裂变活动。不少大企业的运营人员也是这样做的。图 4-4 是淘宝 App 邀请用户领现金红包的活动，活动的利益点与图 4-3 所示的拼多多领红包一致，只是活动的规则稍有不同。

图4-4 淘宝领现金红包截图

无论是拼多多的裂变活动，还是其他产品的裂变活动，只是在活动形式上有所不同，底层逻辑都是对人性的把控，通过利益刺激的方式实现用户分享。所以，要想做好裂变活动，运营人员需要洞察人性，懂点心理学知识。

做裂变活动一定要用企业搭建的流量池，而且要熟悉产品的用户。这样运营人员才能知道用户的需求，在产品中提供对应的利益点。即使页面不精美，只要利益点符合用户的预期，裂变活动也能很好地打动用户，促使用户产生裂变行为。

如果产品的流量池连 1000 个用户都没有，那就不要想通过裂变活动获取新用户了。运营人员先通过拓展渠道扩大产品的流量池，因为流量池越大，裂变活动的成功概率也就越大。有了足够的流量池，知道了用户的需求点，运营人员需要思考可以提供的利益点。我不建议使用红包作为利益点，因为红包带来的用户价值不高，而且也难以形成有效的转化。

裂变活动提供的利益点最好与产品相关，而且还需要打动用户。教育行业中经常使用 99 元的课程今天免费听的利益点，特别是在 K12 的教育中，利用此类活动刺激下沉市场中的宝爸宝妈们分享宣传文到朋友圈，带动其他宝爸宝妈来上体验课。智能编程软件给出的利益点是邀请 4 位用户免费送年VIP 会员，而且邀请用户数可累计送年 VIP。这两种利益点都是基于产品的属性来策划的，吸引与产品相关的用户，也容易在后期形成转化。

总之，在做裂变前，运营人员一定要审查产品的前提条件是否满足。如果没有必须的前提条件，则难以形成有效的传播，裂变活动也就失去了意义。同时，运营人员应该注意，裂变活动更适合下沉市场、学生群体、在线教育等产品，如果在高端产品中使用，反而会对产品的口碑造成影响。

4.3.2　产品裂变活动

如果产品足够好，用户乐意分享给其他人，这才是产品裂变的最高境界。但是在工作中，产品大多不够好，用户不愿意自发地分享产品。所以，运营人员就需要策划利益点刺激用户进行分享。

通过产品做裂变活动，运营人员需要思考使用产品的哪个属性作为利益点刺激用户？在产品现有功能上是否需要开发新功能？通过哪些渠道可以有效触达用户并让用户参与裂变活动？其实，产品裂变是活动的一种表现形式，如果运营人员这样思考问题，产品裂变本身也就不神秘了。从产品出发的裂变活动需基于产品活动形式考虑问题，裂变流程与活动流程一致，只是在活动规则上有少许的改变。

常见的裂变活动是邀请用户送 VIP。运营人员需要思考，把 VIP 的权限送给邀请人，还是分摊给邀请人和被邀请人。我在策划裂变活动中，把 VIP 的权限分摊给了邀请人和被邀请人：邀请人邀请到 1 个用户送 1 个月的 VIP 权限，邀请到 4 个用户可以获得 1 年的 VIP 权限；而被邀请人由于接受了别人的邀请，直接获得 1 个月的 VIP 权限，只需再邀请 3 个用户就可以获得 1 年的 VIP 权限。

当初我把 VIP 权限分摊给邀请人和被邀请人，主要是站在被邀请人的角度考虑的。如果被邀请人填写邀请码没有任何好处，那为什么要填写别人的邀请码呢？而且，中间还多了一步操作。送 1 个月的 VIP 权限就不一样了，至少给了被邀请人一个填写邀请码的理由。

活动中还延伸出另一种裂变活动，也是我们当初没有考虑到的。不少用户没有打算获得 1 年的 VIP 权限，只想试用 1 个月的 VIP，就在网上或群里寻求 VIP 的邀请码，这从另一个维度扩大了我们裂变活动的宣传范围。

对产品本身做裂变活动，免不了对产品功能进行改进或开发新功能，也需要拓展活动渠道、制定活动规则等。不过，活动渠道中最好包含自有流量池。我在策划裂变活动时，产品已经有了 3 万个用户，日活跃用户有 6000 多人，而且还在公众号的"大 V"渠道中推广这个活动，"大 V"渠道每天覆盖 1 万人。我认为，大流量是保证裂变活动获得成功的前提。

运营人员策划裂变活动时一定要降低活动门槛，特别是邀请新用户的数量一般不超过 4 个。邀请用户数量太多则难以完成，用户参与的积极性就会降低；邀请用户太少，对业务增长的价值不大。

活动开始时允许邮箱注册，我们通过数据发现用户很容易就完成了邀请 4 个新用户的门槛，毕竟用户可以多注册几个邮箱账号。于是，我们改为手机号注册，少量用户开始刷 VIP 权限，而且出现了专业刷 VIP 账号的团队。然后，我们把规则改为邀请活跃用户送 VIP 权限，也就是被邀请用户必须有使用记录，哪怕是一条记录也行。这样通过更改规则大大降低了"僵尸用户"的数量。

通过产品做裂变活动，只需要在功能和规则上有所调整，整个裂变活动的流程与常规活动的流程一致。所以，运营人员要把控好裂变活动的时间节点，申请必要的素材资源。

4.3.3 社群裂变活动

社群做裂变活动已是常见的社群运营技能，也有很多 SOP 程序和文档。对于小企业而言，根本没有预算买一套标准的程序；或者说运营人员对底层逻辑的把控不够，即使买了裂变程序也做不出效果。

在社群裂变中，我把程序做裂变活动的 SOP 流程和自己做裂变活动的流程梳理出来，帮助读者上手就可以做好社群裂变活动。社群的裂变本质也是活动，运营人员需要准备活动素材，梳理活动流程（见图 4-5）。

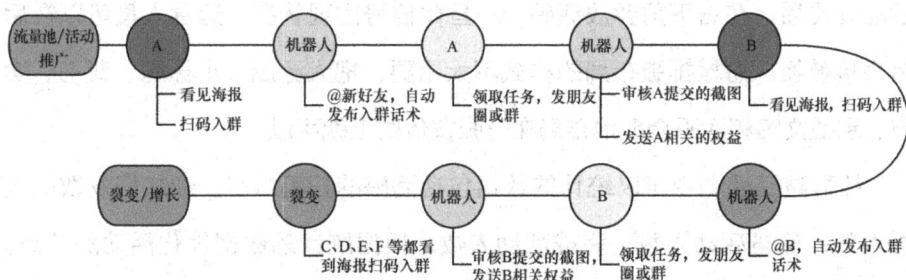

图4-5　社群裂变活动流程

图 4-5 中是机器人自动审核，在裂变活动中，如果企业没有买裂变的软件，机器人的工作就需要运营人员来做。这是一项极度麻烦且需要细心的工作，用户从朋友圈或聊天窗口看到海报，部分会扫码加小助手微信。运营人员把用户加到微信号，并且组建交流群，还需要 @ 新好友，并发布对应的话术，让新入群的好友可以快速地了解活动并参与活动。

4.3.1 节强调了前提条件，也阐述了流量池的重要性。在社群裂变活动中，前提条件依然重要。在社群裂变活动中，有加了好友但不做任务的用户，有扫码之后又放弃加好友的情况，把能够统计的数据记录下来，方便后面进行数据分析。

在社群裂变中，海报的设计是重点。海报的设计需要简单明了，把优惠利益点表达清楚。而社群裂变活动在教育行业中常见，大家虽然没有统一的海报格式，但是大多数海报中都包含主标题、副标题、背书、卖点、利益文案和活码。

图 4-6 是知乎读书裂变活动的海报，这个海报设计得简单明了，大标题是品牌名称"知乎·读书会"，小标题是"一个专业·有趣·多元化的读书人聚集地"，背书是名师的头像，卖点是"听、读、观、学"，利益文案是"原价 199 元 / 年，限时预售价 99 元 / 年"，通过巨大的限时优惠刺激用户参与活动并传播。在右下角要放活码，一旦微信号出现状况，运营人员可以在后台直接替换。海报排版布局的样式不太重要，把大标题、小标题、背书、卖点、利益文案和活码合理地布局在一张宣传图上就可以。

社群裂变活动中可以统计的数据包括活码的扫码情况、新加好友数或入群人数、参与活动人数、完成活动人数。根据统计的数据优化活动的节点，可以在后续的裂变活动中做到更好。

图4-6　知乎读书裂变活动的海报

4.4　种子用户

对于从 0 到 1 的产品，我们都知道种子用户的重要性。我见过很多企业在做产品冷启动时略有草率，甚至都不知道以正确的方式启动产品。

有一款卖保险的平台产品，用户可以从平台上拿到优惠的保险或高额返现的保险，然后把保险卖给身边的人。如果这种产品能够火起来，那么以后人人都是保险经理。

冷启动产品获取第一批种子用户时，运营人员想到了利用员工身边的资源。于是，他们开启了第一个裂变活动，让每个员工邀请 20 个注册用户，员工完成后奖励 200 元红包。暂且不说他们的产品在登录功能上还有缺陷，这种拉种子用户的手段你是否也常用？有效果吗？应该是效果不明显，我自从帮别人完成了注册任务后再也没登录过保险平台。

种子用户非常重要，甚至决定了产品的发展方向。所以，运营人员在获取种子用户时一定不能随意使用运营技能，类似活动获取的用户也不能称为种子用户，类似活动只是为了产品启动而拼凑的任务。

4.4.1　何为种子用户

种子用户有三个特质：第一，他必须是产品的目标人群；第二，他愿意接受新鲜的事物；第三，他有一定的容忍度，而且愿意与产品一起成长。

目标人群是运营人员按照产品特性设定 3 ～ 5 类的属性人群，可以按照年龄、性别、爱好、职业等标签筛选并设定种子用户。现在你只是把他们当作种子用户而已，是不是种子用户还需要通过运营手段获取之后并通过用户数据分析来判定。

我在设定目标人群时一般会划分 3 ～ 5 个类别。而且，我在运营推荐系统产品时就会思考谁将会使用这个产品。根据产品属性，背负活跃或增长 KPI 的人员应该会对产品感兴趣。于是，设定的目标人群有个人站长、资讯产品的运营人员，以及媒体类型产品的老板。对应目标人群的聚集地有站长论坛、运营社区，但是老板群体没有找到合适的聚集地，也就无法有效触达，于是暂时搁置不予考虑。先从站长论坛和运营社区中吸引另外两个目标人群，后期对用户进行调研，确定了先获取个人站长群体的种子用户。

站长群体特别愿意试用新产品，属于爱尝鲜的人群。在社区吸引过来的用户中，60% 的用户在产品开发上线后安装并使用了产品。我在获取种子用户时，产品还没有研发出来，通过给种子用户描述产品的未来规划和功能，把用户吸引到产品的讨论群。

他们在产品功能不完善时体现了很好的包容性，而且也乐于给产品提出建设性的意见，帮助我们改善产品，也给了足够的时间伴随产品成长。有一次，我们的产品有个致命的缺陷，把用户的网站都搞瘫痪了。用户无法停止程序，我们也束手无措，最终还是用户重启服务器，让程序暂停启动，登录服务器之后把我们的软件删掉。我以为这个用户会流失，结果并没有，他一直陪伴着产品上线并正常运行。

在三个假定的目标人群中，通过用户调研、数据分析和产品验证，个人站长非常符合种子用户的特征，于是开始大量获取个人站长用户。

4.4.2 种子用户的作用

种子用户仅仅是帮助我们把产品优化到上线就可以了吗？如果我们把种子用户的作用定义得如此简单，那就丧失了种子用户的价值。

从我的经验来看，种子用户可以给产品提建议、优化产品，还应该是产品的布道者，可以帮助运营人员带来不少的关键性用户。在推荐系统产品的种子用户中，由于大家比较认可产品和我们宣传的理念，在后期的运营工作中，他们确实也给了我们很多帮助。

推荐产品是以标准插件的形式让用户即插即用，产品只覆盖了两个标准建站程序，而一个用户使用了小众的建站程序，他就特别想把推荐产品移植到他使用的建站程序的生态中。由于我们团队研发人员紧张，而且产品的收益也无法做很好的估算，短期内没有支持小众建站程序的计划，他就自己找研发人员与我们的系统对接，把推荐系统引入他所在的生态。由于我们也没有规划对外开放 API 和 SDK 的计划，于是这件事情就搁置了。这个用户也起到了布道者的作用，积极推动推荐系统产品在其他平台中落地。只是时机不成熟，最后没有达成合作。

另一个用户使用了我们的产品之后感觉非常不错，就帮忙介绍 WordPress 生态中的一位开发者。通过这个用户的介绍，我们与开发者达成了合作，很好地提高了推荐系统产品在 WordPress 生态中的覆盖率。

因为种子用户找得准确，而且运营技能使用得当，他们会自动帮助宣传产品，也会帮助运营人员介绍可以合作的资源。所以，种子用户既是产品体验者，也是产品的布道者。他们在使用产品的过程中提出合理化建议，而且积极推进产品在市场上的覆盖率，甚至比产品经理和运营人员对产品还上心。如果发现产品有了缺陷，他们还会天天来催进度，督促我们赶快上线新版本。

4.4.3　怎样获取第一批种子用户

获取第一批种子用户的方式一定要正确，宁可用户增长慢一点，也不能拉人来凑数。网络营销时代有一句话：用户在哪里，营销就在哪里。这句话放在运营时代一样实用：用户在哪里，渠道运营就在哪里。

谈到获取种子用户的方式，就不得不提小米团队最初的运营手段。小米手机最早推出 MIUI 系统的目标用户是具有极客精神的工程师，于是小米团队在各种玩机论坛发帖，吸引可以使用 MIUI 的目标用户，让 MIUI 的研发工程师与目标用户进行交流，成功地把玩机论坛的用户挖到 MIUI 社区。也是这 100 个超级优质的种子用户成就了小米手机。

对小米手机运营团队挖掘种子用户的方式进行拆解。首先，运营团队知道种子用户的画像；其次，知道他们在哪里，对什么感兴趣；最后，知道何种引流策略有效，可以把种子用户吸引过来。小米手机运营团队找种子用户的方式可以归纳为一句话：找对的人，做对的事，说对的话。在产品获取种子用户时，你可以利用这句话，让产品在正确的方向上前进。

如果你按照小米团队的运营思路获取种子用户，肯定也可以获得优质的种子用户。我在获取种子用户时，也是按照小米团队的运营方式。如果在运营工作中有预算，运营工作则方便一些，可以在短时间内获取较多的用户。但用户不一定是种子用户，运营人员不用苦兮兮地策划文章，去各个论坛发帖吸引用户。通过广告带来的用户，需要从中筛选出优质的种子用户并引入社群进行运营。通过发帖吸引来的用户是种子用户的概率远高于投放广告带来的用户。

获取种子用户的情况分为两种：第一种，在产品规划阶段就开始获取种子用户；第二种，有了产品之后获取种子用户。我个人更倾向于在产品规划阶段就获取种子用户，通过宣传产品的理念让用户认可并愿意付出时间等待产品上线。这个阶段获取的用户大多数是优质的种子用户。而且，在产品规划阶段，运营人员可以不断地与种子用户沟通，研发出更符合用户预期的产品。

我们在产品规划期间就去获取种子用户，确定了目标群体，开始通过EDM 渠道触达种子用户。这种方式转化过来的用户期望立刻使用产品，而不是等待未来的完美产品。于是，我就更换到了论坛渠道，在站长论坛发帖，告诉用户："我们正在做智能推荐的产品，这个产品可以提升网站内容的点击率，降低网站的跳出率，间接地提升网站的 PV 值，从而提升用户黏性。而且，该产品还可以提升用户的体验，从而提升网站关键词的排名，可以在搜索引擎中获得更多流量。但是，这个产品还在研发中，为了能够让大家更好地使用完整版的产品，我们希望你们可以到社群中多提意见。"为了给种子用户一些回馈，以后产品增加了 VIP 的收费功能，也是免费给种子用户使用，最后附上联系方式。

一些论坛不让留联系方式，运营人员就可以把联系方式写在个人签名中，或者留下官网的品牌词。无论是通过 SEO 还是 SEM，运营人员一定要保证品牌词在搜索引擎中排名第一，尽量减少搜索流量的流失。在产品规划过程中获取用户，运营人员要给用户推销一种概念，告诉用户即将有这样产品或产品即将有这样的功能，我们希望你们能与产品一起成长。

帖子发出去的第一天就有 10 个用户入群，而且论坛中的用户在帖子下面围绕产品有用和没用形成了激烈的讨论。持两种观点的人争得不可开交，也把帖子顶成了热帖。而且，我也会一天 12 小时地盯着帖子。一旦有新帖出现，把我的帖子挤压到第二页，我就赶紧用小号回帖，让帖子继续保持在第一页。

我一共操作了十几天，共带来 160 个种子用户，足够验证产品的可行性。到现在为止，这篇帖子一共获得了 1.8 万的阅读，回复评论 31 页，大概有 300 多个评论，而且成了论坛中的热帖。

产品规划之初，运营人员就可以在用户聚集地宣传概念。喜欢产品的用户自然会联系你，也愿意付出时间帮助团队规划和改进产品，做出来的产品更符合用户的预期。

大多数运营工作是已经有了产品，再由运营人员获取种子用户，吸引用户过来后可以直接使用产品并拿到反馈数据。这种情况下吸引过来的种子用户，有 60% 会嫌弃产品，30% 会提合理化建议，只有 10% 能够忍受糟糕的流程设计。

我在运营代码补全工具时也是从零起步做运营工作，在获取种子用户时采用了同样的流程。这次运营团队有预算了，获取种子用户更加方便，通过 EDM 渠道和垂直论坛的方式获取了 1 万个种子用户。

这次获取种子用户的方式是先有产品、后获取种子用户，即运营团队觉得产品可以对外时便去获取用户。产品的目标用户是程序员，又可以分为前端程序员和后端程序员，前端包含 JavaScript 语言，后端包含 JAVA、Python、PHP、GO、C 等语言。按照编程语言进行细分，JAVA 中又包含 SpringBoot、Jfinal 等框架，Python 中又包含 TensorFlow、Django 等框架。由于精力有限，其他语言暂时不获取种子用户。分析每种编程语言的生态后，我们决定不同的语言采用不同的方式。针对 SpringBoot 的框架，则通过 EDM 方式触达用户。由于 Jfinal 开发者认可我们的产品，只象征性地收取一点费用，在宣传中给了很大的支持。用户看到宣传文案后，通过百度搜索关键词进入官网或点击链接进行产品的下载、注册和使用。通过这两种方式，产品一天新增 1000 个用户。但是，大多数用户只能算作产品的试用者，而不是种子用户，因为在这些用户中只有极少部分体现了包容性。

现在回想一下当初获取种子用户的过程，应该设立筛选机制，筛选具有极客精神的种子用户。缺少了这必要的一步，用户在网上散布的负面评论给我们带来了很大的困扰。所以，在获取种子用户时一定要进行严格的筛选。我在运营智能补全工具时大量地获取用户，严格地讲只能叫拉新，不能叫获取种子用户。

在小企业做运营工作没有大企业那么便捷，所有用户资源需要运营人员一点一点地积累。如果在百度、阿里巴巴、腾讯这种巨头型企业，获取种子用户就简单许多，他们内部随便倒些用户都能快速地让产品聚集百万用户。

获取种子用户最好从产品策划阶段就开始，数量在于精，而不在于多。在产品不成熟的阶段，种子用户多了反而是一种累赘。

4.4.4 维系种子用户

对种子用户的维系可以归类到社群运营，由于用户认可产品理念，维护起来就比较容易。在种子用户的社群运营过程中，运营人员要做到勤沟通、给尊重。

你不能期望种子用户通过表单提交反馈信息，他们更希望在社群中得到回应，所以运营人员一定要与种子用户建立便捷的沟通渠道。小米团队使用论坛与用户沟通，而论坛每况愈下，现在的运营人员更倾向于让用户加入交流群。

推荐系统的种子用户在群里天南海北地交流，我们除了沟通产品规划和功能之外，还会交流行业动态、网站优化技巧、工作中的烦恼、恋爱中的故事。有时候聊开心了还会斗图。无论用户用哪种方式交流，管理员都要积极地参与用户的交流，与种子用户打成一片，最好能与大家成为真正的朋友，而不是你用来优化产品的工具。只要管理员在群里热情地解答大家的问题，大家就会对群形成依赖，也能给产品提出更好的建议。

对于产品的研发进展，运营人员需要尽快地与用户同步。毕竟他们也是早期产品的参与者，大家都想知道产品的进度，也关心能否在规定的时间内用上产品。如果产品的排期延后，运营人员也要在群里及时地通知用户，让大家做到心中有数，不至于在产品延期发布后遭到种子用户抱怨。把目前的困难在群里向用户讲清楚，他们也能理解，也会给予包容的心态。

在产品规划中，产品经理遇到不明白的地方，可以把问题放到群里与大家讨论，他们会从使用者的角度给出合理的建议。在我们的种子用户群中，还有用户热心地画出了原型图。

在群里，运营人员要归纳、总结用户的意见并反馈给产品经理，由团队沟通讨论是否采用。同时，无论最终是否采用，运营人员一定要表示感谢，给予充分的尊重。如果采纳了某个用户的建议，运营人员要私下给用户回复建议已经采纳。当初没考虑在群内回复，因为我们每天收到很多建议，但最终采纳的没有多少，生怕此类信息会刺激没有被采纳的用户。如果在企业内部讨论中，用户的建议遭到了很多吐槽，运营人员一定不能传达给用户。有一位用户给我们提出围绕产品的核心功能做很多辅助功能的建议，我觉得这个点子非常不错，就收集过来在团队内部讨论，结果遭受到了各方的反对。在与用户沟通时，我表示团队已经慎重考虑了他的建议。

对种子用户的维系并没有复杂之处，只要你能真诚地对待种子用户的每一条建议，而且给予他们应有的尊重，传达产品最新的进展，他们还是比较好维护的群体，比产品的泛用户群体更容易维护。

种子用户奠定了产品的增长曲线。如果种子用户的群体非常大，而且对产品比较满意，就为后面的增长做了很好的铺垫。如果跳过获取和验证种子用户的阶段，直接大量地获取用户，就极容易给产品带来负面的口碑。所以，运营人员不能遗漏种子用户的获取和筛选阶段。

4.5 增长黑客

现在流量越来越贵，大家都期待找个好点子或好策略，花更少的钱获取更多用户；期待自己的产品能够像黑客一样有强大的创造力，实现产品病毒式传播、用户病毒式增长和高留存率。

增长黑客技能需要运营人员通过数据分析发现用户留存和活跃的关键路径节点，并引导用户完成关键节点，实现用户的高留存率和高活跃度。许多企业期望通过组建增长团队完成增长黑客所倡导的理念；而一些企业的增长团队只有一两个人，还期待可以做出很大的成绩，这种做法就不太可能成功。

增长黑客的成功也是有前提的必备条件。我们看多了大企业的成功案例，觉得产品可以通过增长黑客的方式实现增长。其实失败的案例更多，只是没人分享出来，幸存者偏差让我们认为有了增长团队，运用了增长黑客的理念，产品一定能够实现突破性的进展。所以，运营人员在实践增长黑客的理念之前，应该理性地分析产品是否具备增长黑客的必备条件，以及团队是否需要践行增长黑客的理念。对这两个问题充分思考并讨论清楚，再决定是否组建增长团队也不迟。

4.5.1 增长黑客的必备条件

增长黑客的必备条件归纳为两点：第一，一个好点子；第二，用户的关键性行为。产品只要具备其中一点，就可以应用增长黑客的理念。好点子可以实现产品业绩的轻松增长，产品渡过了种子用户的阶段，有好的想法可以做 A/B 实验，找到产品增长的方法。数据分析人员需要对产品积累的用户行为数据做深度挖掘，分析哪个关键行为对用户的留存和转化起到决定性作用。

典型的通过好点子完成用户增长的产品是 Hotmail 和 Dropbox，运营人员可以借鉴成功产品的增长思路，丰富自己的运营方法。目前，网易邮箱大师采用与 Hotmail 一样的方式，如果网易邮箱没有设置签名，就可以利用网易邮箱大师发送的邮件签名，如图 4-7 所示。

Hotmail 在所有邮箱都收费时采用了用户免费使用的方式，而且在签名上附带一句 "I love you. Get your free E-mail at Hotmail"，就是这句话引爆了 Hotmail 的用户增长。Dropbox 是存储并分享文件的网盘，上线了用户推荐功能，老用户邀请新用户双方都能获得存储空间。我们借用了

Dropbox 的好点子，在智能编程产品上线邀请用户送 VIP，双方都会获得 VIP 权益。

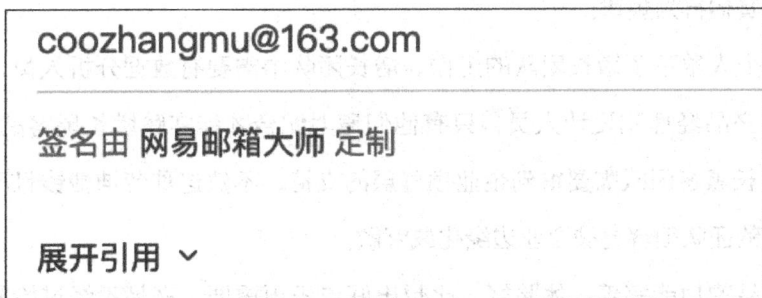

coozhangmu@163.com

签名由 网易邮箱大师 定制

展开引用 ∨

图4-7　网易邮箱大师签名截图

运营人员想出极好的点子，应该与产品功能或产品服务相契合，而不是用金钱刺激用户分享。当然，团队想出来 100 个好点子，经过测试可能只有一两个奏效，那就把这一两个奏效的点子在产品迭代中做成产品本身的功能。因此，运营人员在工作中要有产品化的思维。

用户的关键性行为需要大量的数据分析才能获得。典型的通过分析用户关键行为完成用户高留存率的产品是 Twitter 和 YouTube。

Twitter 团队发现新增用户的留存率不高，通过大量的数据分析发现新增用户关注 30 个 Twitter 账号后的留存率很高。于是，用户留存的关键性行为是关注 30 个账号，在新用户注册网站后引导他们关注喜欢的账号，以实现高留存率。

YouTube 最初是约会网站，团队发现用户上传视频并不是为了约会，而是为了分享各种各样的视频。通过数据分析发现了这种现象，团队开始根据用户的行为重新定义网站，把 YouTube 打造得更开放，成就了今日的 YouTube。

团队发现用户的关键行为，需要数据分析师孜孜不倦地分析数据，发现用户的行为规律，并把这个规律同步给团队。运营人员和产品经理通过策划活动或开发功能进行 A/B 测试，效果好则上线新功能，效果不好则继续发现用户的其他行为规律。

一个人做不了增长团队的工作。增长团队中需要有数据分析人员、运营人员、产品经理和设计人员，只有他们通力配合才能实践增长黑客的理念。组建增长黑客团队需要得到企业领导层的支持，不然这种劳神费钱且不容易出成果的团队很容易被企业边缘化或解散。

产品的功能完善、体验好，比想出好点子更重要。产品不经过检验就做增长，很容易在坏口碑中死掉。团队做数据分析之前，需要做好各种数据的埋点。埋点不到位，则很难通过分析发现用户的关键性行为。所以，埋点是数据分析工作的根基。在运营工作中，要先做好基础的运营工作，然后考虑增长的方式和留存的手段。

我国越来越多的企业开始通过科技手段帮助第三方的产品实现快速增长和高留存率，而人工智能在运营工具中的应用会让数据分析工作变成自动化，发现更多高留存率用户的关键性行为，助力运营人员更容易地实现低成本增长，实现用户的高留存率。这些科技类的工具并不会让运营人员失业，而是协助运营人员更好地完成运营工作。

4.5.2 你不需要增长黑客

运营人员看到某个运营的理念火起来后，开始寻求最新的运营方式，这样做对业务的增长并没有帮助。你可能也发现了，新理念只是对原来的运营技能做概述性的总结，本质上没有太大的差别。

如果你已经实践增长黑客的理念，首先思考产品是否需要黑客式的增长速度。运营人员需要有理性判断，而不是人云亦云地追求最新的运营理念。

我接触的大多数产品并不需要增长黑客的理念，只需要通过渠道获取用户。所以，许多产品只需做好渠道的优化。特别是一些小企业，增添增长团队践行增长黑客的理念，无形中给自己的资金流转带来了很大的压力。

如果你期待增长团队尽快发现产品的引爆点，进而积累用户，实现产品的快速增长，而增长团队短时间内难以产生收益，极有可能会品尝失败的滋味。我见过太多的企业在前期不注重产品运营工作，等到财务紧张时急于寻求快速增长的方法，组建增长团队，期待产品爆发式的增长。但是，增长团队一个月没有突破，老板就换人继续寻求增长方式，这类企业一般撑不过半年。

如果产品急需爆发式的增长，企业更不应该组建增长团队，而应该在已有的渠道上稳步拓展，保证产品的正常运转。

一些小企业盲目地组建增长黑客团队，期待翻天覆地的变化。如果团队没有好点子，产品没有大量的数据，这个阶段组建增长团队反而是一种累赘。运营人员需要沉下心来，先把产品运营到良性的循环，然后考虑践行增长黑客的理念。

我认为，增长黑客的理念只会让有基础的好产品表现得更好，而不是产品的速效救命丸。

4.6 转化

如果通过渠道或活动带来的新增用户不能转化为付费用户，则是资源的浪费。除了通过增长团队发现用户的关键性行为，运营人员还可以通过内容和服务的运营手段把新增用户转化为付费用户。

同等条件下拉新，如果转化更多的用户，获取单个用户的成本就会更低，用户的黏性和产品的商业价值也会更高。

4.6.1 产品是转化的一切

运营人员不要期待通过运营手段把一个很差的产品的转化率做到很好，产品经理也不要期待产品上线之后不经过运营手段的介入，用户就有很高的转化率。因为高转化率是建立在合格的产品之上，通过运营手段一步一步做出来的。

产品上线之前，运营人员需要做好用户的转化漏斗，对于转化行为要有明确的指标，用户经过哪个指定动作后才能算作有效转化。

有人把注册定义为转化行为，把发起调用定义为转化行为，把完成交易定义为转化行为。根据产品不同，定义转化行为的指标也不尽相同。所以，转化行为要根据业务目标和产品属性设定。我曾定义过一个苛刻的转化行为，用户 7 日留存才能算作转化。因为用户使用推荐系统产品，每天都会发起调用，稳定使用 7 日后的流失率极低，对于完成业务才有帮助。

产品经理负责产品使用路径节点的转化指标，运营人员负责某个活动的转化指标。在工作中，运营人员可能负责产品使用路径节点的转化指标，因此要特别熟悉产品的转化漏斗。

产品对用户转化的影响太大了，使用流程是否顺畅、产品体验是否良好、产品服务器是否稳定等都会影响用户的转化率。产品属性决定了用户能否自动转化。因此，产品体验好，用户转化才会好；产品体验不好，运营人员使出浑身解数都不能完成用户转化的业务目标。

4.6.2 搭建转化漏斗

运营工作中非常有必要搭建转化漏斗。如果产品上线后用户转化不好，运营人员可以重新梳理转化流程，以达到节点的最优转化率。运营人员或产品经理需要负责某个模块的转化率，这个模块可能是新上线的活动，也可能是新上线的功能等。

根据产品不同，转化漏斗也不尽相同。以梳理交友App的转化流程为例，搭建转化漏斗，如图4-8所示。在这个转化漏斗中，与3个用户聊天是用户转化的关键性行为。因为新增用户与3个用户开始聊天，流失的概率就会低。

图4-8　交友App的转化漏斗

根据转化漏斗的关键节点，有针对性地使用运营技能。团队做了ASO的刷榜，可以通过第三方平台估算产品的曝光量，精确统计用户的下载量、用户的注册量、用户观看引导内容的次数、用户发起会话的次数、用户与人聊天的次数。

我和朋友按照转化漏斗体验产品，感觉流程上没有问题，任何用户都能流畅地使用。但是，新注册用户与3个用户聊天的关键行为需要运营人员或产品经理的强制介入。于是，产品经理在新增用户第一次发起会话处增添了一键打招呼的按钮，新注册用户可以一键与20个用户打招呼，一般会有3～5个用户回复。通过增加产品功能引导新增用户完成关键性行为，实现新增用户的高留存。

有一天，产品的新增转化用户数很少，按照转化漏斗进行排查，用户注册量也很少，但是第三方平台统计的曝光量正常。前两天，运营人员更换了应用商店展示图，猜想是新展示图导致用户注册量下降，便将展示图换回原来的图片，解决了用户新增转化低的问题。

梳理转化漏斗至关重要。运营人员能看出在哪个节点上运用运营技能可以提高留存率，数据产生波动时也很容易排查哪个环节出了问题。所以，产品上线前，运营人员要构建转化漏斗，方便开展运营工作。

4.6.3 转化技能

在用户转化漏斗中，除了优化产品流程和体验以提升用户的转化率，运营人员还可以通过内容和差异化服务促进用户的转化。

内容转化中的"内容"更多是指引导内容，而不是活动内容。利用活动转化用户已是运营人员必备的技能，而通过引导内容做转化的运营技能在某些运营人员身上还有所欠缺。特别在 To B 的领域中，做好引导内容运营是必不可少的环节。

在 To C 产品中，用户第一次使用产品，或者长期没有登录后再次登录，或者产品有较大的改版，运营人员都需要做引导内容。引导内容一般有 3～5 步，帮助用户快速了解并上手使用产品，避免用户因不熟悉操作流程而离开。

在 To B 产品中，运营人员需要做好产品白皮书、产品使用教程、产品演示教程及常见的 QA 等有关引导内容，让用户快速了解产品的特点及作用，以便用户在使用产品的过程中有章可循。因为用户使用 To B 产品需要付出较高的学习成本，引导内容就更加重要。

引导内容能够帮助用户快速了解产品，判断产品对自己是否有价值。做好引导内容的运营，可以有效提升用户的转化率。

一些重服务的 To C 产品和常规的 To B 产品都可以利用差异化服务促进

用户的转化。

To C 的典型代表有教育类产品。用户在咨询课程时，如果有老师、助教或销售人员认真地解答问题，机构给用户靠谱的感觉，也容易形成用户的转化。我在做教育培训时就打出不满意随时退款的服务，在服务中与竞争对手做出差异化，极大地促进了用户的转化。而在一年中，真正发起退款行为的只有 2 个用户，最终退款的用户只有 1 个。

To B 产品的服务更重要。用户进入网站，销售人员跟进，用户购买产品到部署上线，全流程都是重服务。在 To B 的服务中，运营人员能够介入的服务流程比较少，一般在网站的 QA 页面和人工咨询窗口通过收集问题或回答问题做用户运营工作。所以，运营人员要非常了解产品的原理和使用方法。

现在网站的服务窗口大多采用智能机器人回答常见问题。但是，机器人只能回答数据库中已有的问题，不能回答新增的问题。如果用户连续点击两次不满意，系统就应该自动切换到人工服务，而不是让用户在电脑前一边点不满意，一边找不到解决方案。

我一直在思考，未来人工智能辅助运营人员进行工作，很多工作的流程都由深度学习模型完成，那么运营人员能够在哪里介入并使用运营技能产生价值呢？目前没有一个很好的答案，如果你有好的想法，欢迎与我沟通交流。

运营人员一直追求从用户增长到用户转化的全流程解决方案，这也是产品的立身之本。产品不增长就走下坡路；用户不转化，运营人员做再多的增长工作都没有价值。用户增长和用户转化到底哪个重要？我认为同等重要。用户增长了，产品才有未来；用户转化了，企业才有收益。两者缺一不可，做好这两个环节可以更好地完成业务指标。

第5章

在对的阶段
做对的事

在工作中，针对产品生命周期和用户生命周期的不同阶段，运营人员应该采取不同的运营技能，更好地帮助产品成长并完成业务目标。如果运营人员能够很好地判断产品和用户所处生命周期的阶段，采取正确的运营方式，就可以做到事半功倍。如果在产品的验证期采取了错误的运营方式，可能会给运营工作带来极大的麻烦，甚至断送产品的前途。所以，运营人员应该具备准确判断产品和用户所处的阶段、采取正确的运营方式的能力。

5.1 产品的生命周期

在产品的生命周期中，不同的阶段采用不同运营技能的组合，以应对现阶段的业务需求，很少有一套方案应用于产品的整个生命周期。产品的生命周期应该包含四个阶段，而一些小企业的运营人员可能只见过前两个阶段，甚至只见过第一个阶段。

无论如何，运营人员应该了解产品生命周期的全貌，做出更精确的运营计划。通常所讲的产品生命周期是从导入期开始，如图 5-1 所示。我认为，产品的验证期更重要，只有验证了产品的可行性才能到达导入期。但是，验证期不在产品的生命周期内。本书依然把验证期单独作为一节讲述，因为许多小企业的运营人员在工作中会做验证期的事情。

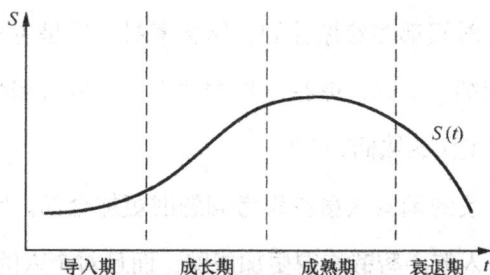

图5-1　产品生命周期

5.1.1 验证期

如果你找到产品刚起步或还在筹划阶段的工作，这类产品都处在验证期。团队可能经过了市场调研、产品评估的工作，但是大多数团队做市场调研的方式不正确，效果不明显，导致团队只能优先做 MVP 版本，然后让市场验证产品的可行性。

如果产品处于验证期，大多数运营人员会吐槽：我连产品都没有，怎么做运营工作？但是，验证期考察运营人员的基本功，通过了解产品的规划和市场的规模，通过基础的运营手段获取种子用户，并运营种子用户给产品反馈建议。这个阶段也限制了运营人员只能通过运营种子用户验证产品的可行性。运营人员可以通过用户调研或用户访谈，获取用户对产品规划的反馈并优化产品；也需要准备导入期的运营计划和宣传所需要的素材。这个阶段的产品经理忙着需求调研，研发同事忙着工程研发，大家都比较忙，而且每周都需要开会讨论想法和沟通进度。

运营人员很难通过渠道和内容带来大量的用户，反而需要沉下心研究产品适合的内容、用户和渠道，并准备需要的素材，安排素材的排期，每天也要写运营方案和修改运营计划，方便产品上线后可以开展大规模的运营工作。

这个阶段准备了很多内容，能够保障运营计划在后期有节奏地开展。

你现在想一下，这个阶段是不是很枯燥？除了获取并运营少量的种子用户，每天的大部分时间都在筹划计划、储备素材，但是见不到收益。用户有可能给予较差的回馈。所以，你在工作中要保持上进心和激情，别让这个阶段磨灭了你做运营工作的热情。

经历过这个阶段的运营人员在思考问题时更加全面。因为这也能算作一次创业经历，把个人的心智锻炼得更加成熟，而且对个人的前瞻性帮助很大。

这也是产品失败风险很高的阶段，而且企业很可能会终止产品研发或裁撤整个项目组。

5.1.2　导入期

经过验证期的挣扎，运营人员给种子用户描绘的产品经过产品经理和研发人员的努力，终于上线了。你是不是觉得可以施展自己的才华了？通过运营手段把产品推向市场，获得大量的用户，完成商业变现。别急，这个阶段还快不起来，导入期获取用户不能操之过急，运营人员还要倾听新增用户的心声。

我觉得这个阶段以小规模的用户增长、精细化运营用户、打磨产品为中心，通过用户的缓慢增长验证最优渠道，通过反馈打磨产品，让产品更符合用户的预期。

你在上个阶段制定的运营计划可以派上用场了。这个阶段考察运营人员对渠道运营、用户运营和活动运营的把控能力。运营人员应该寻找渠道，并通过小金额测试获得渠道质量的反馈，并对渠道打分，除了满足当前阶段的用户增长需求，也需要为下个阶段获取大量用户储备优质渠道。运营人员可以围绕用户的留存策划小规模的活动，通过指引用户完成特定动作促进用户的留存。这个阶段不要策划用户增长类的活动，避免用户大量增长带来不可控因素。运营人员需要听取用户的反馈并归纳总结，与团队成员一起讨论。如果用户的反馈需要做成新功能，产品经理应把控产品进度，进行快速迭代。

运营人员还应该监控舆情，产品的用户本来就少，而且用户对产品可能存在疑虑和不信任。如果网上出现了不和谐的内容，运营人员要及时做出回应，或通过某些手段删除不和谐的内容。

这个阶段刺激吗？一点也不刺激，运营人员战战兢兢，每天很忙，而且用户不能大规模地增长。产品还在婴儿期，极度脆弱，需要被保护起来，给它创造合适的环境，让它尽快地成长。

这个阶段持续多久？运营人员可以从三个方面进行考察：用户的数量、用户的留存率及用户的满意度，而不能从单一维度来判定。我觉得在一定的用户数据上，还需要有高留存率。在这个阶段，产品至少要做到 1 万的用户量，留存率要高于 30%。运营人员可以通过问卷或访谈法调研用户的满意度，而且满意度要在 60% 以上，产品才能进入成长期。

5.1.3　成长期

在导入期，产品已经打磨到让用户满意的程度，成长期可以进行大规模的拓客。这个阶段的主要任务是通过用户增长快速地占领市场，而不能考察产品的收益率。因为这个阶段各个渠道需要增大投入，而且增长类的活动只考察用户的增长，所以 ROI 一般不达标。企业也需要建立增长团队或数据分析团队，为运营工作保驾护航。

这个阶段中，渠道运营技能、内容运营技能、活动运营技能和用户运营技能开始重复组合并使用，以达到快速获取用户的目的。通过导入期测试合格的渠道需要加大投放力度，而且还要拓展新渠道以保证用户的高速增长。对注册用户的限定条件也需要完全放开，做成人人可注册、可使用的产品。产品中需要有大量的内容积累，以满足用户对内容的需求。资讯类产品需要有巨大的内容池，电商类产品需要有巨大的产品库，工具类产品需要有使用教程和使用场景指南等。对用户推送个性化内容，聚焦热点形成专题页，满足用户对内容的需求。对外的宣传内容需要覆盖更多渠道，触达更多用户。各类新增活动都需要策划并执行，如邀请新用户送 VIP 权限、邀请用户提取百元现金等。运营人员也需要策划转化类的活动，把注册用户转化为活跃用户。运营人员的压力会增大，工作重点考察用户的转化率，需要建立用户的增长模型并对用户进行分层设计，利用数据分析用户的关键性行为，更好地服务用户，并发现新的增长机会或转化机会。

运营人员在这个阶段容易陷入高速获取用户但不注重用户转化的误区，可能会导致用户不满意或流失。导入期的用户留存率为30%，成长期的用户留存率为8%，极有可能是产品存在某种缺陷。运营人员需要暂停用户的高速增长，通过分析产品转化漏斗的数据、体验产品流程等方式找到留存率低的原因并予以改善。所以，运营人员在这个阶段要学会利用数据分析解决问题，为运营工作提供更好的决策。

成长期应该持续多长时间？这个问题并没有标准的答案。是产品的活跃用户数要达到百万，还是在注册用户数达到千万时产品就自动进入成熟期？应该用哪个指标衡量呢？我觉得，这个阶段的持续时间与企业的收入目标有很大关系。如果企业有资金支持，希望快速地占领市场，成长期可以持续。如果企业寻求快速变现，难以大规模地获取用户，需要从已有用户规模获取收益，成长期就应该结束了。

小企业做泛市场的产品就很尴尬，由于互联网产品的盈利路径是从免费使用到大规模用户的流量变现，因而需要很长时间。在成长期，通过渠道或活动获取用户，很难同时有足够的变现可以养活企业。小企业没有太多的资金支撑运营团队长时间大量获取用户，所以企业急需变现，这就导致成长期和成熟期的融合。而运营人员不能平衡两个时期的关系，加上现在的流量单价比较贵，所以小企业做泛市场的产品很难成功。

5.1.4 成熟期

如果产品有了大量用户，企业也在寻求稳定的变现方式，产品就进入了成熟期。这个阶段不代表产品的用户增长不重要，而是在保证变现的情况下继续完成用户增长，只是新增用户的重要性降低了。任何产品在任何阶段都需要用户增长，哪怕是淘宝和微信这种庞然大物也需要用户增长，因为阿里巴巴和腾讯每年的财报中都会披露用户增长的情况，所以用户增长伴随产品的整个生命周期。

企业通过成熟期的产品变现或盈利，运营人员的工作重心也应该偏向这个方向，重点考察产品的变现形式，可能是卖服务、卖会员、佣金提成、广告收入等，或者几种变现形式的综合体。运营工作的重点也应该随变现形式的不同而有所侧重。

渠道运营工作需要放缓，降低渠道的投入费用，优选 ROI 较高的渠道，以保证企业的业务收入。内容运营方面侧重引导用户使用付费功能，或者引导用户购买产品或服务。活动运营方面以收入为主要目标，通过打折、买赠和满减等活动刺激用户消费，提高业务收入。用户运营方面提高用户行为数据分析和精细化运营的权重，引导用户完成业务收入的关键行为，提高用户对业绩的贡献度。

如果负责规模较大产品的某模块的运营工作，那么工作相对轻松一些。因为产品已经有了巨大的流量池，运营人员打杂的事情做得比较少，而且通过产品运营流程的单点工作，把单个运营技能磨炼到极致。

只有产品的用户数足够多时，成熟期才可以稳定相当长的时间。而过度追求成熟期的变现无异于杀鸡取卵，产品会较快地寿终正寝。许多产品的成熟期持续时间短暂，小企业做泛大众产品，资金紧张，需要快速变现，于是很多好产品就这样被扼杀了。

5.1.5 衰退期

一旦产品进入了衰退期，运营人员不能从当前的状态下寻求起死回生之术，而应更多地寻求减少用户流失的运营手段，以延长产品的寿命。这个阶段产品的理想状态是运营人员通过数据分析再次发现用户的新兴趣点，通过打造新产品或增加产品功能实现产品的再次增长。不过，新兴趣点太难发现了。

这个阶段的渠道运营工作就停止了，因为用户来得快，走得也快，对业务并没有实质性的帮助。运营人员更多通过内容运营和活动运营，尽可能地维持用户的活跃度，延缓产品的衰亡。如果你仅是运营专员，还是准备找份新工作吧，没有必要与衰退期的产品共存亡。

我见过许多进入衰退期的产品，通过大量的 PUSH 和短信触达用户，期待唤起用户的回忆，再次回到产品的怀抱，这种做法反而加速了产品的死亡。产品进入衰退期是不可逆的过程，而且所有产品进入这个阶段只是时间的问题。如果你在不错的企业做运营工作，产品进入衰退期可以通过打造新产品，把用户导入新产品，实现新产品的增长，因为通过开发新功能实现二次增长的可能性不大。

在产品对应的阶段做正确的事情，可以让产品更好、更快地成长起来。切记不要跨阶段做急功近利的事情，特别是跳跃验证期和导入期直接到成长期，这类产品大多是昙花一现。运营人员也不难理解，为什么子弹短信这类产品只火了几天就快速淡出了用户的视野。

如果你负责 To B 产品的运营工作，就不需要思考 To B 产品的生命周期，因为 To B 产品不遵循这个周期。有头部企业会在产品验证期伴随产品一起成长。而产品有了头部客户的成功案例，接着进入成长期和成熟期的混合期，通过商务拓客或线上获客的方式快速推进产品的售卖过程。现在互联网的用户红利消失，更多企业开始寻求快速变现的渠道。而 To B 产品的变现路径较短，可以在验证期过后快速变现，这也是近两年 To B 企业较火的原因之一。

从目前来看，To B 产品运营是一个不错的赛道。

我认为，由于 To B 行业的快速发展，未来是产业运营或行业运营的时代，而泛大众产品的运营人员就没那么受欢迎了。

5.2　用户的生命周期

我们了解了产品的生命周期，知道在产品对应的阶段做正确的事情。而运营工作是产品和用户的调度器，需要一手抓产品，一手抓用户。所以，运营人员还要知道用户的生命周期，才能把运营工作做好。

2.4 节向大家讲解了用户运营中常用的运营手段和思路，如果你不知道用户处于生命周期的哪个阶段，可以按照 2.4 节的内容做用户运营工作。在用户运营过程中，运营人员需要做好用户的分层，可以按照用户的登录时间、使用时长及流程动作等划分用户的生命周期，在对应的阶段做相应的事情。

用户生命周期划分的前提是需要大量的用户数据作为支撑，所以用户行为的埋点和数据统计工作必不可少。不然，用户的生命周期就是无根之源，运营人员无法判定对应的周期，也难以选择合适的运营手段。现在很多企业专门做数据埋点和用户行为统计功能的工具，大多数功能都是收费的，可以先进行试用，选择合适的工具。我国优秀的工具平台包含第四范式天枢、神策数据、友盟＋、Growing IO 等。

用户生命周期可以分为接触期、熟悉期、活跃期、静默期。运营人员要在对应的阶段选择合适的运营手段，让用户快速地熟悉产品、使用产品，并贡献更多的业务价值，延缓用户进入静默期的时间。因为用户一旦进入静默期，流失的概率就会很大。

5.2.1 接触期

用户刚刚接触产品时，对产品存在不信任、不会用的情况。特别是现在的 SaaS 软件，需要用户把数据传输到云端，解决用户信任就成了首要问题。淘宝网为了解决买家和卖家的信任问题，做了支付宝担保交易。运营人员也应该通过运营手段或产品手段解决用户的信任问题。

用户接触产品前的信任问题应该由市场部的 PR 部门解决，而一旦接触了产品，运营人员就要想尽办法解决这个问题，如增加使用协议。我运营的智能推荐软件就使用了协议，在协议中告诉用户，他的内容仅作为训练模型使用，通过协议解决用户的信任问题；也可以在产品注册或登录的流程中提及企业的实力，或者产品获得的某个安全性大奖。所以，运营人员可以利用协议、企业规模或大奖等方式消除用户的疑虑。

这个阶段的引导内容也非常有必要。对于新增注册用户、长时间没登录的用户或产品进行大改版之后的所有用户，运营人员都需要制作引导内容，让用户快速上手使用产品；也可以通过策划新手礼的系列活动，如阅读或发帖赚取积分、积分兑换礼品等，让用户快速地度过接触期。

对于接触期的用户，引导内容或引导活动至关重要。一旦缺少必要的引导步骤，用户在使用过程中遇到不会操作的问题，就极有可能会流失。

5.2.2 熟悉期

用户开始使用产品，每天使用产品的时间逐渐延长。这时，用户进入了熟悉期，并且很有可能会进入活跃期。

熟悉期的工作主要是帮助用户快速地进入活跃期，产品可以消耗用户更多的时间。而工具类的产品增加积分功能，也刺激用户更多地使用产品，快速度过熟悉期。

常见的微信运动、支付宝账单都是通过排行榜刺激用户的好胜心，从而促使用户更多地使用产品。自己的产品也可以借用排行榜的功能，可以是积分排名、阅读时长排名，也可以是调用次数排名等。如果有条件，可以从排名上衍生出一些奖品，更好地刺激用户。

我曾经做过论坛，在接触期给产品做了使用指南，引导用户使用论坛。在熟悉期，我们策划了发帖、回帖等积累积分以兑换礼品的活动，刺激用户在论坛中多发帖，多回复别人的问题。这个活动设定了一套积分规则，偏向引导用户发帖，帮助新注册的用户快速熟悉论坛，增加用户的留存率。

用户熟悉产品后，运营人员可以通过高质量的内容或极好的体验让用户留存下来。随着智能推荐技术的进步，内容型产品非常好地解决了冷启动的问题。通过系统推荐用户喜欢的内容，极大地提高了用户的留存率。

5.2.3　活跃期

用户进入活跃期，并不代表运营人员没有施展才华的空间，运营人员有重要的工作，如维护活跃用户、提升不活跃用户的活跃度等。

这个阶段需要策划系列活动，刺激用户的感官，让用户活跃起来；不能让用户平淡地使用产品，一旦用户觉得产品没有意思，用户留存就面临很大的问题。而且，通过系列活动可以让用户产生更高的商业价值。

对于活跃用户，产品的生态搭建比运营技能更重要。运营人员可以建议企业围绕产品的核心功能搭建生态，在产品的使用链路上延伸出更多功能，或者开发有乐趣的小游戏，进而提高用户的活跃度。

现在的支付宝越来越像庞然大物，其首屏包含支付、理财、生活服务、购物等各项方便生活的功能，还有蚂蚁庄园等小游戏功能提升用户打开支付宝的次数。你用得到与用不到的功能，支付宝上面都有，它已经从核心的支付功能朝着用户生活的生态发展了。

大体量的产品已经到了争夺用户消费时长的地步，毕竟用户的总体量级已经触及天花板。在争夺用户时长的环境里，竞品不一定是同类产品。例如，微信面临的最大竞品不是陌陌类的交友软件，而是以抖音为代表的短视频软件，因为用户在短视频上消费的时间比在微信聊天上消耗的时间更多。所以，微信要做视频号，抖音也要做社交，它们都想把用户留在自己的生态内，尽可能地让用户增加在产品中消耗的时间。

大体量的产品做生态比刺激用户活跃更重要；小而美的产品更有必要通过活动刺激用户活跃，从而贡献商业目标。

5.2.4 静默期

静默的用户极有可能会流失，运营人员有必要建立用户流失预警机制，在用户即将进入静默期之前，就对用户进行有力的运营，减少用户的流失。

现在触达的方式还比较常规，常见的方式有 PUSH 或短信，推送活动内容或情感内容，把静默期的用户刺激到活跃期。常见的营销短信内容如领取 5 折的优惠券，请尽快使用（见图 5-2）。

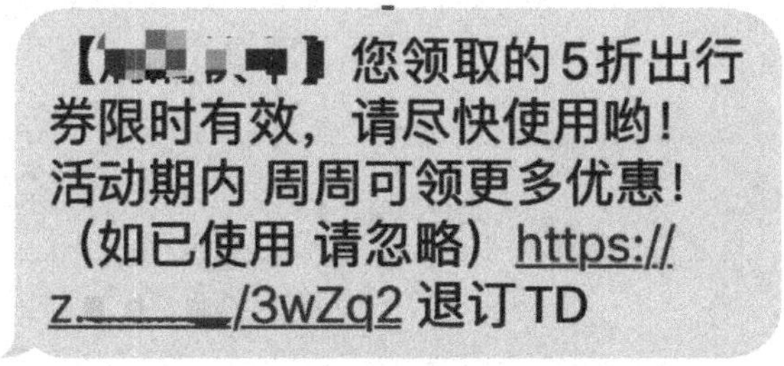

【█████】您领取的5折出行券限时有效，请尽快使用哟！活动期内 周周可领更多优惠！（如已使用 请忽略）https://z._____/3wZq2 退订TD

图5-2 滴滴优惠券短信截图

对于进入静默期的用户，使用此类方式挽回，效果不太好预估。我经历过的产品，用户一旦进入静默期，大多数会流失。我们常用的方式是通过电话对用户进行随机采访，询问用户流失的真正原因。如果出现了更好的竞品，运营人员需要提高警惕，优化产品；如果产品存在致命的缺陷，运营人员可以通过迭代产品功能解决这个问题。减少已有的用户流失后，运营人员再去召回流失的用户，召回的成功率就会提高不少。

最好的做法还是在活跃期提高用户的黏性，建立用户预警机制，减少用户进入静默期。因为用户一旦进入静默期，运营人员很难通过运营手段有效触达用户，进行召回并留存。

总之，运营人员通过对产品生命周期和用户生命周期的精准判断，在对应的周期内选择合适的运营手段，可以更好地引导用户使用产品并在产品中保持活跃度，完成企业的业务目标。

第**6**章

数据指导运营

运营工作离不开数据的指导，特别是进入精细化运营时代，运营人员离开了数据分析做运营上的决定，与赌场中的赌徒并没有太大的差别。所以，运营人员不能把运营方案寄托在感觉之上，而应该建立在理性的数据分析之上。

现在的运营岗位对运营人员提出了必须掌握基础数据分析技能的要求，运营人员必须具备数据分析的思想和能力。一些岗位要求运营人员掌握Excel的数据分析技能，一些岗位要求运营人员掌握Tableau或Power BI之类的工具，一些有大数据基础的岗位要求运营人员掌握R语言或Python语言的数据分析技能和常用的SQL语句。

渠道运营人员需要通过数据衡量渠道的价值；活动运营人员需要通过数据判断活动是否成功；内容运营人员需要通过数据判断用户喜欢哪一类内容；用户运营人员需要通过数据建立用户分层，并分析用户的关键性行为；增长团队更依赖数据分析能力，需要分析数据，找出数据波动背后的原因，也需要通过数据挖掘用户留存的关键行为。

针对用户数据、活动数据和渠道数据的统计需求和分析需求，市面上已经有了比较完善的工具。而人工智能会让这类工具智能化，把运营人员或数据分析人员从繁杂的数据分析工作中抽离出来，有针对性地做波动数据的分析，更好地完成业务目标。

每次分析数据波动的原因都会涉及较多的方面，现在的数据分析工具还不太成熟，需要人工干预进行分析或纯人工分析。无论是人工干预进行分析，还是纯人工分析，以结果导向分析用户行为数据的思想是一致的。本章主要讲解数据波动分析的思路。

6.1 界定问题的边界

除了增长部门数据分析的同事需要无休止地分析已有数据，运营人员大多在数据出现异常时才进行数据分析的工作。在数据分析之前，运营人员要对问题进行确认和分类。如果数据波动在可控范围内，那就不算问题，也没有分析的必要。

一般出现较大的数据波动，并且超过了设定的阈值，才有分析的必要。例如，企业设置活跃用户的日阈值为5%或2000，而活跃用户降低了10%或减少了3000；或者企业最近要提高10%的销售额或提升3万的活跃用户数。运营人员需要分析已有的数据，确定从哪些节点入手可以完成企业设定的目标。

数据分析过程大致分为5个步骤：界定问题、细化问题、提出假设、分析验证和分析结论，提出假设和分析验证之间需要反复进行，一直到解决问题为止（见图6-1）。而在数据分析之前需要对用户进行分层，梳理用户行为路径并建立指标监控。

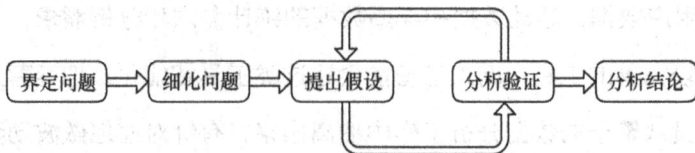

界定问题 ➡ 细化问题 ➡ 提出假设 ➡ 分析验证 ➡ 分析结论

图6-1 数据分析流程

在提出假设和分析验证的过程中，运营人员提出的假设经过验证后可能不是有效的假设，又需要提出新的假设，然后进行验证。所以，数据分析的提出假设和分析验证之间是一个循环。经过验证后，如果提出的假设是引起波动的主要因素，就可以写分析结论了。

6.1.1 问题的归属

数据分析逻辑需要按照用户的使用流程进行详细拆解，在拆解的过程中遵循 MECE 法则，方便研发人员更好地统计已有数据。在数据分析过程中，需要明确定义流程上的指标，如用户留存、用户活跃等。

在数据分析过程中，运营人员首先对问题进行分类。如果运营人员发现数据有所降低，期望回升到原来的数值，属于恢复型问题；如果运营人员发现数据暴涨，期望找到暴涨背后的原因以便提升企业的业绩，属于期望型问题；如果往年冬季交易量下降明显，今年期待降低数据的下降率，属于防范型问题。

之所以界定问题，是因为在处理问题时需要有优先级。如果同时面临三种情况，哪个问题应该优先处理呢？

首先处理恢复型问题。因为数据下降可能是服务器的波动，或者出现了竞品，已经到了不得不分析的地步。只有查找原因，才能及时地止损，避免因拖延时间导致数据持续下跌。

其次是期望型问题。分析与不分析，现在的数据都在暴涨，对于企业来说是一件好事。第一，应该避免服务器的并发量太大引发数据传输堵塞，导致用户流失；第二，引导好新增用户，提升用户的留存率；第三，分析数据暴涨的原因，持续推进相关因素，让数据更上一层楼。

最后是防范型问题。对于周期性出现的问题，期望在今年得到改善，如果不做改善对业务的影响也不大，所以属于不重要的问题。

运营人员确定了问题的归属，对问题做出优先级的排序，在同时面临几种问题时才能得心应手地处理，不至于出现手忙脚乱的情况。

6.1.2　有波动怎么办

刚接触运营工作的人员不具备数据分析思维，通常从感官上对数据进行解读，因此会产生较大的误差或得出错误的结论。

假如做一场活动，发现用户的增长量超出了预期，并且超过了以往数据平均值的 2 倍。在内部讨论这个问题时，没有运营经验的同事和刚来企业的运营实习生特别开心，他们发现数据增长超过了预期，说明此次活动非常成功，以后需要多做几次这样的活动。

如果你有数据分析思维，不会为表面的数据而兴奋，应该探究用户增长的本质。为什么用户增长这么快？他们注册产品后做了什么动作？通过数据分析发现用户注册产品后，只有 30% 的用户做了下一步动作，其他用户仅仅是注册了账号而已。

现在开心不起来了吧，通过分析用户的行为发现活动被薅羊毛了。把新增用户数乘以 30% 得出有效新增用户数，而新增的有效用户数远低于预期目标。所以，这次活动不能算成功，反而在以后的活动中要更改规则，避免出现"羊毛党"。

运营人员要有针对性地统计活动数据，而统计整个运营大盘的数据则麻烦一些。你可能会遇到以下这种情况。周日早晨被领导的电话叫醒，领导怒气冲冲地说："这是什么情况？为什么昨天少了许多活跃用户？是我们的产品出现了问题吗？"你赶紧爬起来看数据，但发现不存在任何问题。因为办公类产品具有周期性，大家在周末休息，所以周末的日活会比工作日低很多。

遇到数据波动也不要慌张。首先通过周同比或月同比判断产品是否有明显的周期性，经过同比就可以解决不少问题；通过同比解决不了的问题，就需要进入数据分析的流程，从根本上解决数据波动的问题。

6.2 分析的步骤

完整的数据分析流程还应该包括用户分层、梳理用户行为路径和建立监控指标。指标监控涉及埋点，这部分内容在 6.5.1 节讲解。因为许多企业不具备做数据监控的能力，或者企业已经有了完善的指标监控体系，也可能产品经理负责数据监控体系，这部分内容对运营人员不是特别重要，作为了解即可。在数据分析时，运营人员应先掌握数据分析的思路，然后才是掌握数据分析的实操技能。

6.2.1 用户分层设计

本节的用户分层的设计理念借鉴 RFM 的核心思想，在工作中，用户分层并不会严格遵循 RFM 模型的规则。RFM 模型更多适合电商、外卖、游戏等包含支付功能的产品，并不适合资讯类及工具类产品。所以，运营人员要学会举一反三，把 RFM 模型移植到自己的产品中。

运营人员需要把已有的用户数据按照 R、F、M 的元素划分为 5 个阶段，并按照企业的实际业务或"二八法则"对划分的阶段进行打分。

R 是用户最后一次的交易时间。运营人员需要把最后的交易时间与数据统计时间做差值，并对差值进行打分。例如，1 ～ 3 天的记 5 分，3 ～ 7 天的记 4 分，7 ～ 15 天的记 3 分，15 ～ 30 天的记 2 分，30 天以上的记 1 分。按照实际业务或"二八法则"求得中位数。例如，最终确定 3 分为中位数，所以 R 值在 3 分及以上算作高，则其余分值算作低。

F 是用户交易的频率。按照用户注册之日开始计算交易次数，或者统计最近一年、最近半年的交易次数。时间的维度要与统计的目标相关，并对交易频率打分。例如，100 次以上的记 5 分，60 ～ 100 次的记 4 分，30 ～ 60 次的记 3 分，10 ～ 30 次的记 2 分，10 次以下的记 1 分，也是按照自己的实际业务或"二八法则"求得中位数。

M 是用户消费的金额。按照用户注册之日开始计算消费总金额，或者计算最近一年、半年的交易总金额，并对交易金额进行打分。例如，1000 元以上的记 5 分，500 ～ 1000 元的记 4 分，300 ～ 500 元的记 3 分，100 ～ 300 元的记 2 分，100 元以下的记 1 分，按照实际业务或"二八法则"求得中位数。

通过对 R、F、M 取值的高低排列用户的重要程度，并设定用户层级，得到高价值用户、重要发展用户等，把用户分类汇总到一张表中，如表 6-1 所示。

表6-1　RFM模型用户价值汇总

R	F	M	用户分类
高	高	高	重要价值用户
高	低	高	重要发展用户
低	高	高	重要保护用户
低	低	高	重要挽留用户
高	高	低	一般价值用户
高	低	低	一般发展用户
低	高	低	一般保持用户
低	低	低	一般挽留用户

通过以上步骤就完成了经典的 RFM 模型对用户的分层。运营人员在工作中还会按照其他维度对用户进行分层，如按照地域、年龄等。当然，用户分层必须按照业务的核心目标划分。例如，教育行业的用户分层以用户是否听过试听课、课程的续费率等划分；推荐系统工具的用户分层按照用户调用次

数划分。现在，你可以思考一下当前业务的核心目标是什么，按照哪些维度的划分可以更好地完成业绩，然后参考 RFM 模型构建产品的用户分层价值表。

6.2.2 提出假设

一般恢复型问题存在提出问题假设的步骤。数据出现了较大的波动，而且超过了阈值，运营人员需要分析用户的使用路径，构建用户的转化漏斗，提出可能导致问题的假设。

刚接触运营工作的运营人员容易按照惯性思维解决问题，经常无根据地提出一定是文案写得不好、产品不吸引人之类的假设，而且把这些荒谬的猜测当成结论写到复盘的总结报告中。

对于有数据分析思维的运营人员，切不可如此草率地下结论。所有假设在没有得到数据验证之前都只是猜测，假设在经过数据的验证成立之后才能称为结论。把不经过验证的假设当作结论，也经不起别人的推敲。所以，提出假设不是胡乱地猜想，运营人员需要从转化漏斗或用户使用流程上提出假设，也可以利用流程中的公式对业务目标进行拆解，从而在流程的转化节点上提出假设。

以电商平台为例，如果最近销售额下降了30%，超过了10%的阈值，需要进行数据分析，找出问题的根源并及时修正。所以，运营人员要梳理店铺销售额的流程公式并进行数据分析，根据店铺销售额的节点提出假设，找到问题的根源。

公式1：店铺销售额＝商品1的销售额＋商品2的销售额＋商品3的销售额

公式2：店铺销售额＝流量 × 转化率 × 客单价

根据以上公式，我们可以提出以下假设。

假设一：店铺销售额下降是由爆款商品销售额下降引起的。

假设二：店铺销售额下降是由店铺整体流量下降或转化率下降或客单价下降引起的。

先验证第一个流程公式提出的假设。由于影响店铺销售额的商品销售额这个因素可以继续拆分，在验证数据之后需要对影响商品销售额的波动因素继续提出假设并验证。

在提出第一个假设后，问题的分析验证过程就开始了。运营人员在分析验证的过程中要不断地提出新假设并分析验证，最终得到影响数据波动的可修改因素。

6.2.3 验证过程

根据 6.2.2 节的两条公式链路，我们先分析公式 1，假设店铺销售额下降是由爆款商品销售额下降引起的。

我们把单品销售额的数据都罗列出来，发现商品 1 的销售额确实下降了40%，而商品 2 的销售额下降了 20%，其他商品的销售额略有上升，而商品1 和商品 2 是店铺的爆款商品，这两款商品销售额的下降引起了店铺销售总额的下降，证明假设成立。

经过验证成立的假设需要继续拆分，按照流程逻辑继续提出新的假设并对数据进行分析。根据"商品销售额 ＝ 流量 × 转化率 × 客单价"，假设客单价降低导致了销售额下降，通过数据分析发现，商品 1 和商品 2 的客单价并没有太大波动。因此，这条假设不成立。我们继续提出假设条件：假设转化率降低导致销售额下降。通过数据分析发现，商品 1 的转化率从 3 天前下降了 40%，商品 2 的转化率并没有变动。于是，针对商品 1 假设成立，针对商品 2 假设不成立。

针对商品 1，我们可以得出结论：商品 1 的销售额下降是由转化率下降导致的。但是，没有找到可执行的因素，还需要继续深挖。

针对商品 2，我们继续提出假设，由于流量的下降导致了商品 2 的销售额下降。经过数据分析验证，商品 2 的流量从 2 天前下降了 20%，商品 2 的销售额下降确实是由流量下降导致的。但是，商品 2 的分析到这里还没有结束，因为"流量 = 自然流量 + 直通车流量 + 钻展流量 + 手淘首页流量 + 淘宝客流量"。流量下降了 20% 到底是由哪个因素造成的？经过数据分析发现是由淘宝客的流量下降造成的。

到这里，商品 1 和商品 2 的销售额下降的根本原因就找到了：商品 1 的销售额下降是由转化率下降导致的，商品 2 的销售额下降是由淘宝客的流量下降导致的。

到这里似乎已经完成了数据分析的全部过程，你是否准备开始写分析报告？其实还不行，我们只是找到了销售额下降的表面现象，还没有找到影响销售额下降的可执行因素。最终，我们需要落实到可执行的层面，把数据还原到波动之前的水平。

针对商品 1 的转化率下降，可以提出以下假设。

假设一：最近修改了详情页。

假设二：有图有真相的差评排名比较好。

打开宝贝页面分析，产品的详情页确实做了修改。于是，你去找产品经理，确定了产品页的修改时间与销售额下降的日期一致。与产品经理沟通，由于更改产品的详情页导致转化率下降，从而导致商品销售额下降。产品经理不相信地说："不可能吧！改一张详情页可以把全店的销售额都拉低？"针对产品经理的疑问，你把整个数据分析的流程给产品经理还原一遍。产品经理若有所思地说："确实是更改详情页导致的。"然后恢复原来的产品详情页，问题得到了解决。

由于淘宝客的流量下降导致商品 2 的销售额下降，于是你去找负责渠道的运营人员说："最近淘宝客渠道的流量下降厉害，咱们这边最近有什么变动吗？"渠道运营人员告诉你："原来淘宝客的提成稍微高了点，3 天前更换了淘宝客渠道。"你告诉渠道运营人员："这个淘宝客的带货能力不行。"渠道运营人员又会问你："你怎么知道的？"你把整个分析过程告诉了渠道运营人员，渠道运营人员也认为这个淘宝客的带货能力不强，于是把淘宝客的渠道换回到原来的合作商，问题得到完美的解决。

这就是波动性数据分析的整个过程，最终落实到可执行的层面。运营人员利用数据分析的结论和过程与同事进行沟通，也容易说服同事做出改变。

以上是我在电商运营过程中遇到数据波动时的解决方案，与其他产品运营工作中解决问题的思路是一致的。把数据分析过程归纳到方法论，界定问题后需要按照公式或流程进行拆解，对拆解出来的因素提出假设并验证。对于验证不正确的假设，需要继续提出新的假设并验证，一直验证到可以落地执行的因素，并通过修改相关因素恢复到波动之前的数据。

除了常见的恢复型问题，还有期望型问题。例如，老板提出 1 个月新增 10 万用户的目标，你现在有办法完成老板的想法吗？

初级运营人员没有数据分析思维，大概会说增加广告投入，现在每个月新增 2 万的用户，扩大 5 倍的投放资源就可以完成目标。你也是这样认为的吗？

优先利用增长公式和拆解思路，让运营人员先大致了解数据分析步骤，通过拆解到关键节点，选择合适的运营技能完成业绩目标。用户增长 = 存量增长 + 拉新增长，存量增长 = 裂变渠道 × 渠道转化率，拉新增长 = 渠道 × 转化率。再对公式中的节点进行细分，裂变渠道 = 自有渠道 + 投放渠道，而投放渠

道=SEM+DSP等。所以，增长的拆分路径可以借助思维导图来分析，如图6-2
所示。

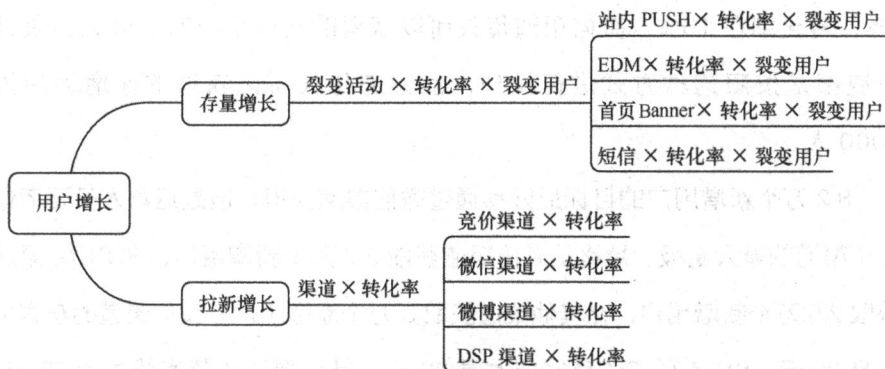

图6-2　增长拆分路径

现在的目标是在 1 个月内新增 10 万用户，首先对目标进行拆解。10 万
新增用户，可以通过存量裂变增长 3 万用户，通过渠道拉新增长 7 万用户。
你认为这样制定的运营计划合理吗？先思考一下。

运营人员首先要判断企业已有的资源是否可以支撑完成目标的运营方
案。如果存量用户仅有 1 万，那么通过存量新增 3 万用户就属于拍脑袋的
决定。

如果你之前做过此类活动，可以沿用原来的转化率。如果你没有做过，
可以问其他运营同事，他们之前做的裂变活动的转化率是多少。综合已有资
源情况，核算应该申请多少预算来完成业务目标。

假如产品的存量一共有 10 万用户，此类活动的参与率是 6%，共计有
6000 人参与活动。每个用户可以裂变 3 个新用户，所以存量增长可以带来 1.8
万个新增用户。那么，需要通过渠道拉新完成 8.2 万个新增用户。

经过数据分析，SEM 渠道每天有 200 万的曝光量。然而，展现量是曝光
量的 10%，展现点击率为 10%，转化率为 8%，在 SEM 渠道中每天获得的

新增用户为 1600 人。

微信渠道每天有 15 万的曝光量，根据以往的数据统计分析，点击率在 6%，转化率在 10%，微信渠道每天可以获得的新增用户为 900 人。其他渠道都是按照这种方式进行推理，该渠道每天可以获得的新增用户为 1000 人。

8.2 万个新增用户的目标最好都通过微信渠道获得，但是运营人员要考量每个渠道的最大量级。最终从微信渠道获取 2.7 万个新增用户，在 SEM 渠道获取 2.5 万个新增用户，在其他渠道获取 3 万个新增用户。微信渠道的获客成本是 20 元，SEM 渠道的获客成本是 30 元，其他渠道的获客成本为 25 元。最终，微信渠道需要 54 万元，SEM 渠道需要 75 万元，其他渠道需要 75 万元，而裂变活动需要支出 6000 个 VIP 账号权益，价值 60 万元。

在工作中的计算方式比这个过程要稍微复杂一些。如果新增用户参与裂变活动怎么办？需要以何种概率计算？对于 6000 人参与活动，如果部分用户完成不了任务怎么办？如何提升这部分的指标呢？渠道费用是否应该多申请一些？万一用户的成本增加了怎么办？各种可能影响结果的风险因素都要考虑进去，此类方式属于风险预估。

到这里，期望型问题也得到了解决。

明确业务目标，盘点已有资源，把目标拆解到单场活动和单个渠道，通过对各个渠道进行细分完成增长目标，并且合理地计算需要投入的资源。运营人员拿着推导出来的资源列表找领导申请，领导看到有理有据的推算过程，不至于直接拒绝。

在小企业做运营工作，运营人员需要做运营相关的所有工作，数据分析就成了必要的技能。大企业的运营岗位也开始要求运营人员懂数据分析。所以，运营人员非常有必要掌握数据分析思维和数据分析步骤。

6.3 如何写好分析报告

运营人员做完数据分析后，还要撰写数据分析报告，并把报告呈现给领导、组员和协作部门。写好数据分析报告比做好数据分析的过程还重要。

写好分析报告属于面子工程和利他主义，一份好的数据分析报告应包含分析背景、分析过程和结论呈现三大模块。

6.3.1 分析背景

写分析背景时，运营人员要简单提炼事情的要点，并且延伸出此次分析工作的核心任务。介绍背景的字数不宜太多，简短的字数把核心思想准确地表达出来即可。如果用 PPT 展现，最好不要超过一页。

这里以 6.2.4 节的电商产品数据分析为案例，进行分析背景的案例讲解。分析背景：店铺最近三天的日均销售额与以往数据对比下降 30%，主要是由商品 1 和商品 2 的销售额下降引起的。现在已经找到原因并恢复到原来的数值。

6.3.2 分析过程

在写分析报告的过程中，优先写出分析结论。把此次数据波动的根本性因素写出来，对整个事件做出总结性的判断，让别人快速了解本次分析工作的重点。写结论要注重逻辑关系，同类问题总结到一条，并列问题先后排列。

（1）分析结论

①商品 1 的转化率下降 40% 导致日均销售额下降了 40%。

②商品 2 的流量下降 20% 导致日均销售额下降了 20%。

③其他商品的日均销售额稳定。

④由商品 1 和商品 2 的销售额下降导致店铺整体销售额下降了 30%。

分析过程需要复盘一次数据分析的推导过程，而且报告上只写通过数据分析验证正确的假设的推导过程，不要把经过验证后错误的假设和推导过程呈现在分析报告上。

（2）分析过程

商品1的日均销售额下降可能是流量下降、转化率下降和客单价下降引起的。

对商品1的销售链路关键节点进行分析，如图6-3所示。从图中可以看出，商品1的日均流量和客单价没有明显的波动，但是转化率有明显的下降，由此断定商品1的日均销售额下降是转化率下降引起的，进而猜测转化率下降是由更换详情页和评论首页有差评导致的。

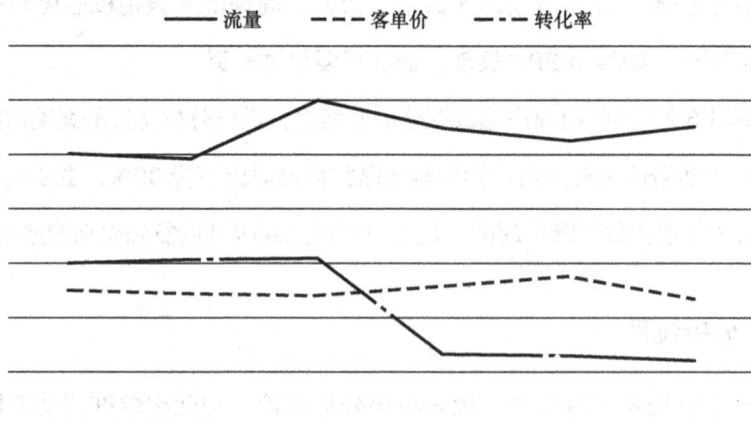

图6-3　商品1的关键节点走势图

经过与产品经理沟通，在拐点之前已经更换过产品详情页。经过验证，评论首页并没有新增的差评，从而确定更换详情页导致转化率下降。

商品2的日均销售额下降可能是由流量下降、转化率下降和客单价下降引起的。

对商品2的销售链路关键节点进行分析，如图6-4所示。从图中可以看出，商品2的日均客单价和转化率没有明显的波动，但是流量有明显的下降，由此断定商品 2 的日均销售额下降是由流量下降引起的。

　　流量下降可能是由自然流量下降、直通车流量下降、钻展流量下降、手淘首页流量下降或淘宝客流量下降引起的。

　　对商品 2 的流量进行分析，如图 6-5 所示。从图中可以看出，商品 2 的SEO、直通车、钻展和手淘流量没有明显的变化，但是淘宝客的流量下降明显，由此推断商品 2 的流量下降是由淘宝客的流量下降引起的。

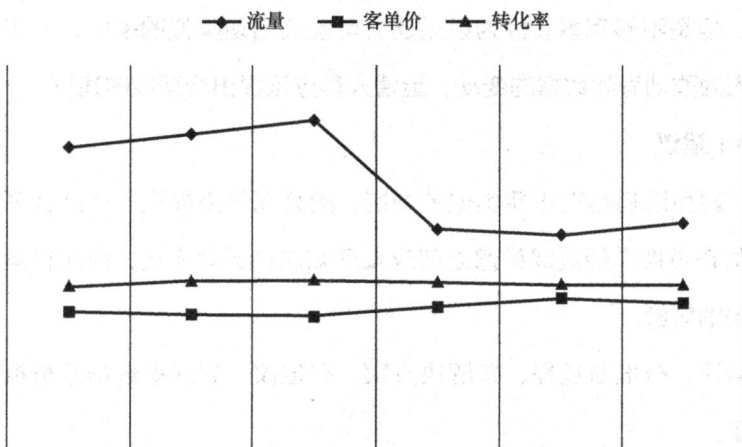

图6-4　商品2的关键节点走势图

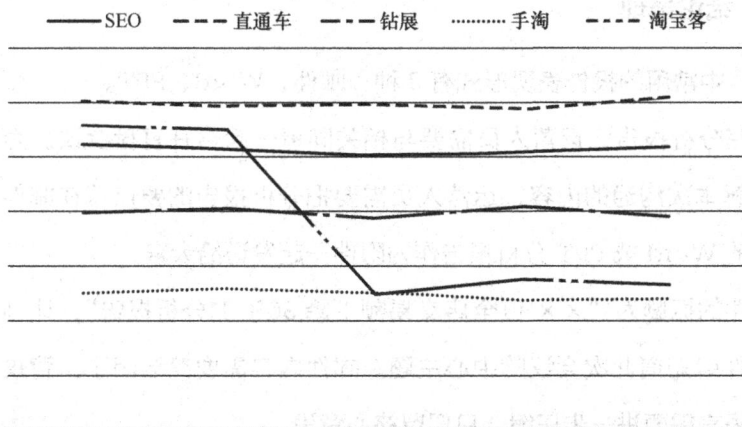

图6-5　商品2的流量走势图

通过与渠道运营人员沟通，在流量下跌前已经更换过淘宝客的渠道，由此推断此新淘宝客渠道的带货能力不如之前的淘宝客渠道。

（3）解决方案

商品1更换为原来的详情页，商品2的淘宝客渠道更换为原来的渠道。

到这里，报告的整体分析过程已经写完。在写内容的过程中做到有理由、有图表，让别人对推导过程和节点数据一目了然。如果分析报告到这里结束也可以，但是不够完善。因为以后还有可能会出现类似的事件，为了避免再次出现人为改动导致数据的变动，运营人员应该提出合理性的建议。

（4）建议

为了避免以后再次出现类似的情况，给公司带来损失，产品经理和渠道运营人员在更换详情页或渠道之前应该通知店铺运营人员，由店铺运营人员随时监控销售额。

有结论、有推断过程、有解决方案、有建议，到这里数据分析报告也已经写完了。

6.3.3　结论呈现

工作中常用的报告表现形式有3种：邮件、Word、PPT。

写完分析报告，运营人员需要与相关同事一起召开复盘会议。为了方便大家了解本次沟通的内容，运营人员需要把分析报告的要点写在邮件里，并把完整的Word或PPT分析报告作为附件一起发送给大家。

邮件的标题为"××日全店交易额下降30%的分析报告"，让别人不用打开邮件就知道此次会议的中心主题。邮件内容需要简洁明了，背景和分析步骤的语言需要进一步压缩，只保留核心意思。

用 PPT 做分析报告，文字尽可能地少，尽量用图表形式展示。这主要考验演讲人的表达能力。对于一些容易遗忘的细节可以提前准备或写在备注中。用 Word 展示分析报告，可以全貌展示数据分析和假设推导出结论的过程。

6.4 分析工具和常用技能

学完整个数据分析的过程，你是不是在思考应该用哪种数据分析工具，还应该掌握哪些数据分析的常用技能呢？

刚接触数据分析的运营人员特别容易陷入工具选择困难症，用 Excel 感觉太低级，用 Tableau 和 Power BI 可视化工具的高级功能要收费。而且，数据分析师都用 R 或 Python。但是，R 或 Python 上手比较困难，要求运营人员有编程基础。纠结选择何种工具的时间占了大半，半年还没有学会数据分析技能。

6.4.1 数据分析工具

其实，数据分析并没有想象中的困难。大多数时候，运营人员拿到别人处理好的数据，直接到了统计分析的步骤。而完整的数据分析过程包括数据采集、数据清洗、数据转换、统计分析和分析呈现 5 个步骤。如果从网上爬取数据或从数据库中导出数据，可能面临个别数据不完善或部分数据格式错乱的情况，这时就涉及数据清洗的过程。

数据分析工具的大多数功能应用在数据清洗和数据转换的步骤。某些较大的企业要求运营人员掌握常见的 SQL 语言，需要运营人员直接从数据库中获取数据进行分析。一般的小企业用不到 SQL 的技能。6.2 节讲述的分析过程是基于完善的数据，直接到了统计分析和分析呈现的步骤，它们在数据分析过程中属于工作量较小、但是最重要的两个步骤。

运营人员刚接触眼花缭乱的数据分析工具时，我建议从 Excel 入手，其次可以考虑 Tableau 和 Power BI，最后考虑 R 和 Python 编程语言。因为数据分析的流程一致，只是工具的使用方式不一致，所以运营人员要先培养数据分析思维，熟悉数据分析流程，然后追求工具的便利和强大。

用 Excel 处理数据，运营人员需要掌握常见的逻辑函数 IF（）、AND（）、OR（），计算函数 SUM（）、SUMIF（）、SUMIFS（）、COUNT（）、COUNTIF（）、COUNTIFS（）、AVERAGE（）、AVERAGEIF（）、AVERAGEIFS（）、MAX（）、MIN（）、LARGE（）、SMALL（）、ROUND（）、INT（），日期函数 TODAY（）、DAY（）、MONTH（）、YEAR（）、DATE（）、DATEDIF（）、EOMONTH（）、EDATE（），查找函数 VLOOKUP（）、OFFSET（）、INDIRECT（）、MATCH（）、INDEX（）、LOOKUP（）、ROW（）、COLUMN（），字符串处理函数 LEFT（）、RIGHT（）、MID（）、FIND（）、SUBSTITUTE（）、TEXT（）、TRIM（）。

运营人员应重点掌握 VLOOKUP（）函数和数据透视表的功能。在日常工作中，这两个功能可以为运营人员减轻不少工作量。看完这些函数，你是不是感觉和自己平时用的 Excel 有较大的差距？Excel 的强大之处还等待你在数据分析工作中挖掘。

Tableau 和 Power BI 这类可视化的工具与 Excel 的操作步骤类似，使用 Excel 熟练处理并分析数据后按照官方的教程学习，这类工具没有太大的难度。运营人员有余力则学习编程语言，无论是 R 语言还是 Python 语言，都可以满足日常工作需求，而且都是开源免费的编程语言。不过，我个人更倾向于使用 Python 语言，因为网上的教程稍微多一些，第三方的类库也很丰富，而且 Python 在人工智能领域应用广泛。

如果企业要求熟练掌握 SQL 语句，我推荐大家学习 MySQL 的常用语句。

因为 MySQL 的应用比较广，而且是开源产品，可以随意地下载安装使用。此外，大多数企业都会采用 MySQL 作为主要的存储数据库。

数据分析过程中常用的工具是以上 6 种。如果有编程基础，运营人员可以直接学习 Python 和常见的 SQL 语句。你不要被 Python 是编程语言吓倒，它只是一种解决问题的工具而已。

6.4.2　工具不重要

在数据分析过程中，我们列举了 6 种常见的数据分析工具，而且罗列了 Excel 常用的函数。掌握了这些函数，你在数据分析过程中几乎没有难点。Tableau 和 Power BI 可视化工具与 Excel 的学习成本差不多，但是 Tableau 和 Power BI 的高级功能需要收费。R 和 Python 编程语言比 Excel 的学习成本高不少，特别是 Python 可以处理大数据，而 Excel 不具备这类功能。看完几类工具的对比，你是否想要学习编程语言呢？

选择哪个工具并不重要，运营人员应优先学习可以快速上手的分析工具，因为数据分析思想和数据分析流程是一致的。通过简单的数据分析工作锻炼自己的分析思维，熟悉数据分析流程，在上手其他工具时只需学习工具的使用方法即可。

6.5　无数据，不运营

现在进入精细化运营时代，原来粗犷的运营方式已经不适用。对于增长需求和业务波动，运营人员需要借助数据分析做决定，通过大量数据分析才能发现用户关键性行为；对于给用户推送怎样的内容打开率更高，运营人员需要利用数据对用户进行分层，并经过 A/B 测试才能选取合适的内容，这才是精细化的运营方式。所以，数据在运营工作中越来越重要，运营人员对数据要敏感，对分析过程要理智。可以说，没有数据，运营人员就无法对产品进行有效的精细化运营。

6.5.1　数据埋点

前 4 节讲解了数据分析的整个过程和分析工具的选择，你有没有考虑过数据的来源呢？数据可以从服务器日志和数据库中获取，可以是团队统计的节点数据，也可能是从网上采集的数据。最常见的是从服务器日志和数据库中导出数据，要先有数据的写入才能有数据导出，而写入哪些数据则由埋点决定。

数据埋点就是把用户行为数据存储到服务器上，因此需要监测用户行为并转化成服务器上的存储数据。在埋点工作中，运营人员需要把统计的用户行为转换成研发人员可以听懂的术语，并建立一套标准，保证做数据分析工作的同事可以清楚地知道调用哪些字段。因此，运营人员或产品经理应对需要统计的行为数据进行标注，让研发人员把标注的关键性行为转换为数据库中的字段，一同建立数据统计的埋点标准。

以我在工作中遇到的推荐系统信息流出现广告的数据统计为例，这里介绍把用户关键行为转化为字段存储到服务器的整个过程。对于广告展示，需要统计广告的展现次数、点击次数，方便运营人员计算广告的转化率，并对上游的广告主收费。

于是，我找到技术部门同事说："我要统计广告的展现次数和点击次数。"技术部门同事问我："你要统计哪个广告的展现次数和点击次数？而且，如何算作一次有效展现，是拉取算作展现，还是在屏幕中出现算作展现？如果是在屏幕中出现就算作展现，广告素材展示二分之一算作有效展现，还是全部展现算作有效展现？在屏幕上一划而过算不算有效展现呢？"

技术部门同事的一连串发问让我彻底懵了，于是我做了一次梳理，把广告展示中需要统计的数据用思维导图呈现出来，如图6-6所示。

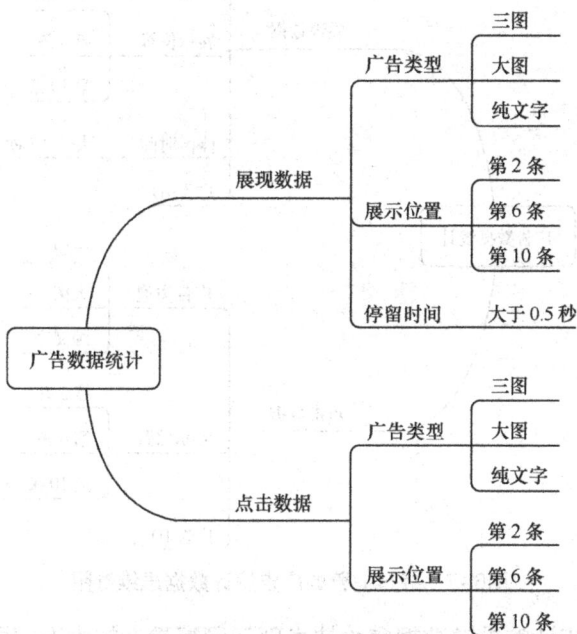

图6-6　广告统计数据思维导图

我拿这个思维导图去找技术部门同事。技术部门同事说："这样就清楚多了，但你没有标注是哪条广告。所以，你还应该标注哪一条广告。"我说："我能想到的统计数据就这么多。至于是哪一条广告，我就不清楚了。"技术部门同事耐心地告诉我："每条广告在数据库中都有唯一的ID，也是为了保证每条广告的链接不重复。所以，在展现数据和点击数据上还需要添加广告ID。"于是，我又添加了一条广告ID，对广告数据统计的思维导图进行了完善，如图6-7所示。

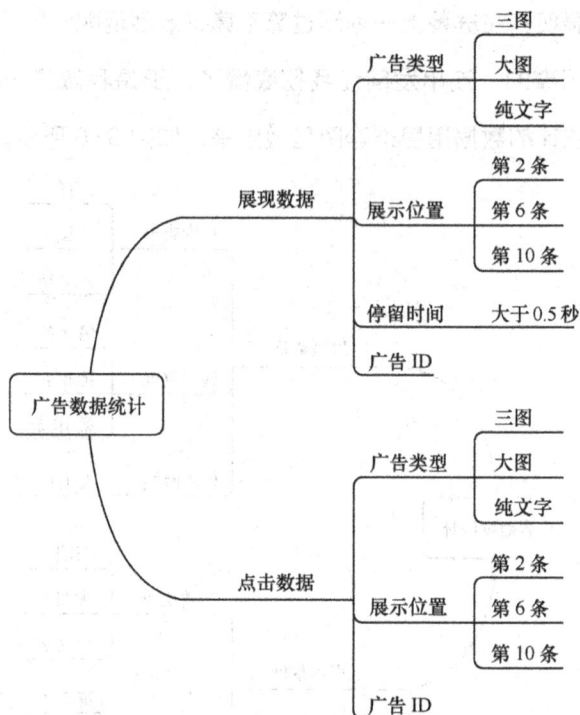

图6-7 经过完善的广告统计数据思维导图

我把需要统计的关键数据拿给技术部门同事看。技术部门同事看完后说："嗯，看完你需要统计的关键节点，我大概清楚了具体的统计数据。这样，我把这个思维导图转换成工作中的埋点表格，到时候也同步给你一份。"三天后，我收到了数据埋点统计表格，如表6-2所示。

表6-2 数据埋点统计表格

编号	事件名称	事件字段	事件定义	属性名称	属性字段	属性值	备注
1	广告展示	adShow	广告在屏幕中出现时间大于0.5秒	广告ID	adID	Num	
				广告类型	adType	Num	1对应三图，2对应大图，3对应纯文字
				展示位置	adPosition	String	2对应第二条，4对应第四条，以此类推
				停留时间	adTime	String	

续表

编号	事件名称	事件字段	事件定义	属性名称	属性字段	属性值	备注
2	广告点击	adClick	发起一次点击请求	广告ID	adID	Num	
				广告类型	adType	String	1对应三图，2对应大图，3对应纯文字
				展示位置	adPosition	String	2对应第二条，4对应第四条，以此类推

拿到这张埋点数据统计表，这次数据埋点工作终于完成。在埋点过程中，运营人员需要与技术人员不断地沟通，他们会从技术角度给出建议。而且，属性字段最好由技术人员决定，他们早已定义好某些字段并写入数据库，如广告 ID、广告类型等，只需要填写到表格就可以方便运营人员统计数据并调用。

用户点击广告后会向服务器发起请求，就涉及数据在前端埋点，还是在后端埋点，即用户点击广告就做一次记录，还是等服务器返回数据后做一次记录。由于记录点击的次数与服务器返回数据有不小的差别，我们在服务器上做了中间跳转页，得到服务器响应后再调用广告的页面，两者的数据之差控制在合理的范围内。于是，我们请教有资深经验的同事，得出了这条结论：除非行为只发生在前端，采用前端的埋点方式，一旦涉及服务器返回数据，那么一定要在后端进行埋点。

做好数据埋点是数据分析的基础。在埋点过程中，运营人员在链路上对页面的关键点数据和用户关键行为进行拆解，一直拆解到可以落地埋点的元素。没有埋点能力的小企业可以采用百度统计、Google Analytics 或友盟＋之类的全埋点工具，也可以满足日常数据的统计和分析。

有些投放软文的第三方平台，如公众号的"大 V"账号无法埋点，因此不能做全链路的数据埋点，运营人员需要手动统计数据。

我曾做过一个活动，由于不具备数据埋点的条件，只能手动记录数据。虽然手动统计的数据相比全埋点统计工具统计的数据不是很完善，但可以大致对活动数据进行分析。虽然不是严格的精准数据，但比没有数据、全靠猜测做运营工作强一些。

如果你在小企业做运营工作，极有可能利用全埋点工具或无法做数据埋点，因而无法完美地统计数据。针对此类问题，你就要梳理路径节点，统计每个节点的数据；无法用全埋点获取的数据，就只能手动记录。活动数据的统计流程如图 6-8 所示。

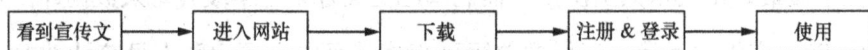

| 看到宣传文 | → | 进入网站 | → | 下载 | → | 注册 & 登录 | → | 使用 |

图6-8 活动数据统计流程

用户在微信公众号中看到推文，去搜索引擎中搜索产品名字，进入官网下载软件，然后注册、登录并使用。整个路径需要跨平台统计数据，无法用工具全流程统计。因此，运营人员需要手动记录一些数据。

宣传文投放在微信公众号可以查看阅读次数，在网站的统计代码中可以统计进入网站的 UV 数，在服务器上可以统计软件被下载的次数，在数据库中可以查询新增注册用户数据和发起调用的用户数，于是建立了一张 Excel 表格，如表 6-3 所示。

表6-3 数据统计记录表格

日期	文章阅读次数	网站UV数	下载次数	注册用户数	使用用户数
×××年××月××日	8000	6000	5000	4000	3800

数据统计占据了运营人员数据分析工作 80% 的时间，特别是小企业没有成熟的数据统计产品，依靠人工统计数据，运营人员也可以做好数据分析工作。

如果企业有研发条件，我建议运营人员把埋点做好，便于以后的数据分析工作。如果前期没有做数据埋点或人工统计数据，后期的数据分析就不复存在。目前，我国专注做数据统计功能的产品已经成熟，如果有条件，企业可以为数据统计和数据分析功能付费。

6.5.2　数据分析要先有思维

不是所有数据都能拿来做分析。特别是一些传统企业的管理者，听说了数据分析的价值，回去就要求员工或外聘数据分析师开展数据的统计分析工作。这类管理者常说："我们有很多数据，可以称为大数据。"他们搬出来厚厚的文件，全都是手工制作的表格，只有客户的联系方式和联系地址。还有一类管理者在前两年做了部分数据统计的工作，也称自己有大数据。由于当初统计不到位，缺少重要节点数据，这类数据也没有太多价值。

即使企业收集了很多可以分析的数据，这些数据本身也没有价值。只有通过软件处理形成可视化的图表，运营人员在图表中解读出有利于业务发展的信息，而且通过数据推理出阻碍企业发展的因素，这样的数据才有意义。

如果你还在纠结学习哪个数据分析软件比较好，那就大错特错了。只要能得心应手地处理数据并得出结论，用哪种软件都可以。因此，在掌握数据分析思维之前，你没有必要纠结于软件好不好用，而是应该从一种工具出发，学习分析数据的思维，掌握数据处理流程。通过 6.2.2 节的两个案例，你可以快速掌握数据分析的核心思维和流程。工具的使用技能没有那么重要，所以你要在数据分析之前先构建自己的数据分析思维。

无论哪种工具，数据分析的流程和思维是不变的，这也是本书对数据分析工作单独写一章的原因。我希望你能参透数据分析思维，在工作中利用数据分析解决业务问题，而不是依靠以往的经验或凭借个人感觉做运营工作。

第7章

运营的本质

从事多年的运营工作后，我发现很多没有接触过运营工作的人也能把产品运营得非常好；有许多运营人员没有系统地学习过运营知识，也能把工作做得很漂亮；反而是一些每天都忙于学习各种运营知识的人却在工作中屡屡受挫，做不出好成绩。

难道有些人注定就是运营天才，而有些人注定就做不了运营工作吗？我认为，运营人员中不存在天才之说，因为他们把握住了运营的本质，哪怕有一天不做运营工作了，他们做其他工作上也能做得风生水起。

7.1 什么是运营的本质

我一直在想，为什么有些运营人员可以做出好成绩，而一些特别勤奋的运营人员却做不出好成绩，差距到底在哪里？为什么有人就可以跨产品、跨平台做运营工作，而有些人只能选择熟悉的产品做运营工作？是运营理论学习得不够多，还是运营技能掌握得不够熟练？难道运营的成就只与运气有关？我觉得在运营工作的背后有一套逻辑思维，这套思维的本质就是运营思维。如果你能把握住运营的本质，稍微练习必要的运营技能，就会比那些每天都苦兮兮地学习运营技能而把握不住运营本质的人出色得多。

7.1.1 运营是一种思维

运营工作是体系化处理事情的过程。无论是数据出现了波动，需要及时分析原因并把数据拉回原来的水平，还是企业期望通过运营人员的努力把业绩做得更好，都是让运营人员处理业绩上遇到的麻烦事，而企业也会为了解决麻烦匹配一些资源。

在某个运营流程的节点上做出超过用户预期的工作，考察运营人员对生活、文案及用户心理的理解和把握能力。学习本书中的文案写作、活动策划可以具备对流程节点的把控能力，在节点上需要用感性的内容调动用户的积极性；在全局上做出超过预期的业务目标，考察运营人员对渠道和数据等理性运营流程的把控能力。学习本书中的渠道运营、数据分析可以具备对流程的把控能力，运营人员需要通过逻辑推理合理地分配资源。运营工作需要理性的逻辑判断，把事情分解到可执行的节点，在可执行的节点上通过感性的内容打动用户。所以，运营人员应该是理性与感性的结合体。

基于运营工作的逻辑判断，合理分配现有资源，有节奏地解决运营工作遇到的问题。我认为这就是运营的本质，总结为解决问题的思维，也可以叫作运营思维。而掌握了这种思维的人，即使没有接触过运营知识，也能做好运营工作。而不具备这种思维的运营人员，即使学习很多文案写作、活动策划、用户运营的基本知识，局部工作可能有亮点，真的承担整个产品的运营工作则难以出成绩，也无法突破个人成长的上限，难以晋升为部门的管理者或企业的决策者。

7.1.2 业务才是王道

运营人员容易陷入自嗨的局面，用片面的数据衡量运营工作的结果。我不认为这样的运营人员很厉害。做运营工作要避免陷入数字陷阱，从最终的业务结果考量工作的成败。

我曾经与教育行业的运营人员聊天，他主导过一场活动，当天的参与人数超过 1.2 万人。你觉得这个数字怎样？是不是看上去很不错？深究下去，你就会发现存在的问题：活动的目标是什么？只用参与人数衡量活动是否成功吗？活动投入了多少资源？企业是否有巨大的流量池？还需要通过外部渠道引流吗？通过外部渠道引流的客单价是多少？单场活动有多少人报名付费课，最终卖了多少钱，ROI 是多少？

这一系列的问题都是为了最终的业务目标，因为运营工作最终考量对业务的贡献价值，过程中的数字都不重要，运营人员脱离了业务目标看问题就容易陷入数字陷阱。教育行业最终要考量的是付费转化率，因为企业有巨大的流量池，所以渠道资源投入较少。即使这样，最终的 ROI 也只有 0.8。从付费转化率来看，这无疑是一场失败的活动。

在运营工作的逻辑中，不同的阶段有不同的业务目标。例如，产品导入期需要用户数，只要运营工作能够有效提升用户增长就算成功；产品成熟期需要变现，只有运营工作带来较大的收益价值才算成功，多少参与人数、多少播放量都没有考量的意义。

从业务目标出发，运营人员更需要具备运营思维，在企业的预算内通过合理的资源配备，尽可能低成本地完成业务目标。

7.2 最应该懂本质的人

既然运营工作围绕业务目标展开，通过合理地分配资源，解决业务中存在的问题，所以人人都应该具备运营思维。我见过太多本应该成功的产品最终毁在了操盘手和管理者的手里，最后总结如果当初应该怎么做就好了，可是事情已经发生，无法重来。所以，操盘手和管理者更应该懂得运营的本质。

这里的操盘手通常是指做运营工作的人员，而管理者还包括负责运营工作的总监或副总。操盘手如果不懂运营的本质，在工作中不但做不出成绩，还可能浪费企业的资源。管理者（特别是主管运营工作的运营经理或运营总监）如果不懂运营的本质，则破坏力极大，甚至加速产品的死亡。

7.2.1 操盘手

操盘手是做运营工作的人员，本职工作也可能是程序员或产品经理等。既然你已经承担了产品运营的工作，就应该看透运营的本质，具备系统性解决问题的思维。

许多企业在产品规划和研发阶段并没有运营人员，甚至连产品经理都没有。团队按照管理者的思想研发产品，产品上线后也没有人负责运营工作。管理者觉得某个技术人员的思想比较开阔，就让技术人员兼职产品运营的工作。

技术人员按照自己的想法开始运营工作，总认为产品还不够好，需要继续打磨，以适应用户的使用习惯。他认为团队需要打磨出超级好的产品，一旦推向市场就应该是能快速引爆市场的爆款。衡量产品好坏的标准就是企业内三四个有发言权的同事的意见，而且操盘手也无法统一这几个"超级用户"的意见，导致产品的上线时间一拖再拖。如果操盘手看透了运营的本质，知道这个阶段的主要任务是什么，企业需要投入哪些资源打开局面，以及获得哪些用户的认可才能认定为打磨好了产品，就不会导致上线时间一拖再拖，丧失了最佳红利期。

管理者认为运营是技术含量比较低的工作，新来的实习生就可以做好产品运营工作。但是，实习生没有主导过产品运营工作，也不知道如何开展，赶紧找自己的师兄师姐请教；或者在网上看到两篇与运营相关的文章就信心满满地感觉可以做好运营工作，于是让管理者开通 SEM 和 DSP 的账户，填上关键词或设定好人群画像，设置好每天的预算就开始投放广告。一开始效果确实不错，也带来不少用户。但由于产品还没有打磨好，导致负面评论满天飞，产品被用户间接宣告死亡。如果实习生看透了运营的本质，明确知道这个阶段的任务是获取种子用户，通过用户分析和渠道分析制定详细的运营计划，合理地申请预算和资源，让用户帮助打磨产品，还是很有希望打开市场的。

我见过太多这样的情况，老板把工作安排给没有看透运营本质的操盘手。由于操盘手不能明确当前的业务目标，不能制定可执行的运营计划，导致产品丧失了最佳红利期。如果你没有接触过运营工作，被委任为产品的操盘手，或者你做运营工作还没有大局观，不能在最佳时期用最少的资源做最好的事情，你应该深度理解运营的本质。

7.2.2　管理者

运营工作是操盘手的事情，为什么管理者也需要看透运营的本质呢？许多小企业的管理者常常决定操盘手的工作走向，并指导当前重要的事情。由于管理者脱离了具体的产品运营业务，也不熟悉产品所处的阶段，高屋建瓴地指导运营工作，反而容易把产品的发展指导得偏离了方向。

最近两年，有些管理者总会把零成本做出阅读量超过 10 万次的文章给运营人员看，常说"你看别人都能做成的事情，为什么我们不能？一定是你的能力不行"，导致运营人员敢怒不敢言，人员动荡严重。长此以往，不利于产品运营工作的推进。

如果管理者看不懂运营的本质，经常提出不合理的业务目标，或者提出合理的目标但不匹配合适的资源，只能通过给运营人员巨大压力，期望他们做出超过市场平均值的效果。有些管理者平时不注重运营工作，发现市场红利消失，竞争对手赶超，或者企业财务紧张，期望通过招聘运营人员来挽救市场。这种情况下，运营人员通常被委以重任，在工作中又被各种条件和资源束缚手脚，无法有节奏地推进制定好的运营计划。产品最终走向死亡，而运营人员又会被指责为能力不行。

作为创业企业的管理者或团队的运营总监，必须看透运营的本质，准确地把握产品当前阶段的主要目标，用运营思维把目标拆解到人，并且给予对应的资源，辅助运营人员有节奏地推进运营计划。

看透运营本质的管理者在招聘运营人员时，更要注重运营人员是否看透了运营的本质，而不能片面地看过去的数据。如果运营人员只是有幸进入蓝海市场做出了一番成就，而没有看透运营的本质，那么他之前获得成绩是具有较大的运气，今后在新产品上则难以做出有效的成就。如果运营人员看透了运营的本质，由他做产品运营工作，管理者就可以省心不少。

总之，管理者看透了运营的本质，可以更好地把控产品运营工作，也不会对运营人员提出不切实际的要求，运营人员也能做出一番成就。

7.3　看透本质做好运营

既然运营的本质是一种思维，那么运营人员就应该掌握这种思维，在运营工作中才能得心应手。除了看透运营的本质，做运营工作还需要有大局观，避免陷入能力陷阱，阻碍产品的发展。

我见过很多运营人员具备了运营思维，在实操过程中又特别注重使用创新的运营技能。为了追寻最新的运营技能，他们打乱了原有的运营节奏，因而在后续的运营工作中变得很被动。

运营人员为了避免陷入能力陷阱，可以从以下三个方面解决问题。

7.3.1　技能辅助目标

运营工作的重点是解决问题，而不是掌握最新的运营技能。即使学习了新的运营技能，运营人员也要把所学的技能应用到工作中，解决业务问题。

所谓成大事者不拘小节，这个道理在运营工作中也同样适用。为了完成用户的新增目标，运营人员可以采用存量裂变或渠道拉新的方式，也可以采用两者相结合的方式。为了完成业务目标，运营人员应灵活地选用不同技能的组合。你也可能在当前阶段听说了增长黑客可以低价完成用户增长，就开始研究增长黑客的理论并在工作中实践。但是，企业的紧急目标是用户稳步增长，而增长黑客的理念长时间得不到验证，企业对运营团队的信心逐渐消失，开始更换运营团队成员或全面解散运营团队。因此，运营人员在运营过程中没有必要追求新技能、新理念，采取以往有成效的运营技能，先完成当前的业务目标，就不会因为背负太强的 KPI 而手忙脚乱。完成业务目标后，运营人员再利用数据分析在实验中寻求快速增长的方法。

既然已经掌握了运营工作的必备技能，如果你是运营专员，我希望你能在工作中熟练使用这些运营技能，顺利地完成任务目标，切不可为了尝试新的运营方式而打乱已有的运营计划；如果你是运营经理，我希望你在工作中熟练地组合使用本书讲述的运营技能，有多余的精力或人力时可以组建增长团队实践增长黑客的理念。

7.3.2　思想比技能重要

运营人员在工作中需要先有运营思想，然后掌握必备的运营技能。很多运营人员只讲运营技能而不追求运营思想，感觉每天的工作很忙碌，却难以见到成效。资深的运营人员会利用运营思想梳理清楚工作流程，搭建运营体系，即使运营技能没有那么出色，依然可以做好运营工作。

以内容运营工作为例，想想你是怎样开展工作的。运营人员从管理者那里获得工作目标：最近要运营新的公众号。大多数运营人员随便起个名字或从管理者那里得到指定的名字，第二天写出第一篇文章，10 天之后便不知道写什么内容了，开始抱怨内容运营工作枯燥无味。这类运营人员明显没有运营思想，做工作不知道先梳理流程。

有运营思想的运营人员会梳理当前的任务。第一，要不要注册公众号，公众号的作用是什么？第二，公众号应该取什么名字才能符合企业的定位并满足目标用户的需求？第三，内容应该有哪些类别？什么风格？从哪里来？第四，应该通过哪些渠道涨粉？第五，除了公众号，还可以布局哪些平台满足企业的目标需求？他们会根据对任务的梳理提炼每个节点需要注意的事项，按照节点需求解决业务问题。

以第三条为例，运营人员分析以往的用户数据发现：用户关注家庭教育、孩子成长和成绩提升；内容来源可以是团队写、企业人员写、雇用兼职团队写或面向用户征稿，也可以转发别人的文章。因此，运营人员需要确定文章的风格、类别，把稿件的要求发出去。

运营人员想清楚以上问题，做出一份可执行的运营方案，把任务具体到个人，做好甘特图，随时查看运营工作的进展。在执行过程中，运营人员没有必要追求文章的写作技巧，也没有必要追求大量的内容输入，而应该把团队的专注力集中在更重要的事情上，高质量地完成运营工作，实现企业的业务增长，最终可能会超出管理者的预期完成工作。

在运营工作中具备运营思想比追求运营技能更重要，运营人员有运营思想可以有计划、有节奏地推进运营工作，而不是片面地追求最新的运营技能。因此，从现在开始构建自己的运营思想，对以后的工作大有益处。

7.3.3 转化才有一切

无论做何种运营工作,运营人员都要牢记:转化才有一切。转化率伴随着整个产品的成长过程;忽略了转化需求,要么导致资源的浪费,要么导致产品的衰亡。

所有运营技能都围绕用户转化开展,渠道的新增流量需要做转化工作,活动运营需要做转化工作,写出的内容需要做转化工作,老用户也需要做转化工作。

4.6 节针对转化的技能做了讲解,如果你忘记了哪些运营技能可以提升转化率,我希望你能翻回去复习。本节从运营思维的角度看待转化工作。

运营人员首先要确定转化目标,然后明确转化流程,最终从运营思维上拆分转化流程,列出可能影响转化率的因素,通过 4.6 节讲述的转化技能持续优化转化因素,以完成业务目标。

还是以 7.3.2 节中管理者期望做公众号为例。经过一段时间的运营,公众号已经沉淀了 5 万粉丝,管理者期望从公众号获取收入,让公众号用户开始购买产品。

首先明确目标,通过公众号转化用户,方式是用户通过阅读内容购买产品。转化流程是用户首先打开文章阅读,然后才是购买行为。文章来源可能是订阅号列表、用户的朋友圈,也可能是看一看。用户在阅读文章的过程中,点击购买链接进入商城购买商品。公众号的用户购买流程如图 7-1 所示。

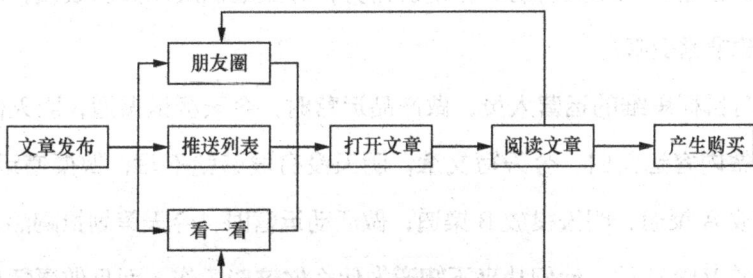

图7-1 公众号的用户购买流程

文章发布后，在推送列表影响打开率的是标题和首图，在朋友圈和看一看影响打开率的是标题和小图，影响用户分享朋友圈和点击看一看的因素是文章质量，影响用户产生购买行为的是文章质量和服务质量。通过运营思维拆解转化流程并对节点的因素进行分析，应用 4.6 节中的转化技能，把转化因素做到优秀水平。现在，你对做好转化工作的信心是不是倍增了呢？

7.4　支持本质的思维

本章一直在强调，运营的本质就是运营思维。而运营思维又是一种比较虚的说法，可能你还没有真正理解什么是运营思维。从我的经验看，运营思维是 9 种思维的综合体。只要牢牢把握住这 9 种思维，并合理地应用或组合应用，解决运营工作中遇到的问题，你很快就能成为运营高手。

这 9 种思维组合出的运营思维不仅可以应用在运营工作中，也可以应用在日常生活和学习中，以提升生活满意度和学习效率。

7.4.1　目标思维

没有目标思维的运营人员非常可怕，天天忙得要死，最终只有苦劳而没有功劳。但是，职场只讲功劳，不讲苦劳，导致他们难以做出成绩，而且职业生涯也非常受限。

没有目标思维的运营人员，做产品运营时，今天测试渠道，明天做裂变活动；做内容运营时，今天写文章，明天没有灵感就不写；做渠道运营时，今天投放 A 渠道，明天投放 B 渠道；做活动运营时，今天策划抢购活动，明天策划送 VIP 活动。他们从来不知道为什么做这些工作，而且做事情也不成体系。

有目标思维的运营人员，做产品运营工作时，知道当前的业务目标，根据目标进行流程拆解，并匹配可以应用的运营技能；做内容运营时，知道如何产出高质量的文章，知道哪类文章受用户欢迎，也知道如何通过内容完成业务目标；做渠道运营时，知道每个渠道的获客单价，知道如何合理地分配资金可以低成本完成用户增长任务；做活动运营时，知道本次活动要达到的目标，以及需要申请哪些资源。

通过对两种人员的对比，你是不是对目标思维有了更深的理解？目标思维可以理解为从业务目标出发，知道完成目标的路径、需要哪些资源、应该做哪些事情、完成目标需要多长时间，清楚地知道运营工作中的每一步应该怎样做。现在想一下，你在运营工作中有没有为了活动而活动，不知道活动的目标和需要的资源？

没有目标思维的运营人员不是每天无所事事，就是每天很忙，而且难以做出成果，把没有成果的原因归纳为缺这缺那，从来不在自己身上找原因。有目标思维的运营人员可以合理地安排时间，而且清楚地知道需要多少资源才可以完成业务目标，找领导申请或想办法解决缺少的资源，最终可以做出不错的效果。

在职业生涯中，有目标思维的运营人员和没有目标思维的运营人员有很大的差异。有目标思维的运营人员知道未来三五年的职业规划，将来会成为哪一类人，也知道达到管理层需要具备哪些硬技能和软技能，能从日常工作中积累经验。而没有目标思维的运营人员只是为了找一份工作养活自己，根本就不知道下一份工作应该选择哪一类企业，也不知道目前做什么工作可以让自己得到成长，更不要提未来三五年的职业规划。

我见过没有目标思维的运营人员的简历，担任过产品运营、产品经理，更有甚者担任过客户支持。工作经历非常多，横跨很多行业，简历看似非常丰富，实则没有任何规划，也没有任何沉淀，这些人在以后找工作时也难以找一份称心如意的工作。有目标思维的运营人员不但可以在工作中做出成绩，对职业生涯也规划得明明白白，这些人很容易从运营专员晋升到运营经理或运营总监。

7.4.2　分析思维

大多数没有分析思维的运营人员都是依赖以往的经验做出直觉性的判断，而在业务分析中无从下手。具备分析思维的运营人员可以从繁杂的事物中推导出清晰的逻辑关系，有条理地完成运营工作。

下面以电商商品运营为例，让大家知道什么是分析思维。

假如最近的产品销售额下降不少，没有分析思维的运营人员会说："我发现直通车和钻展的流量下降得厉害，导致我们的产品销量不好。我还发现市面上出现了竞品，他们抄我们的产品，价格比我们的还低。而且，我们的产品质量也不好，你可能没发现，店铺的评价平均分低于市场平均分，首页还有差评。"有分析思维的运营人员会说："产品的销售额降低，首先是因为竞争加剧，其次是进店流量减少和老用户流失。竞争加剧是因为出现了竞品 A 和 B；新用户减少是因为直通车和钻展展示次数减少；老用户流失主要是因为对快递服务不满意，评价页面关于快递的差评较多。因此，我建议：第一，采取促销活动，价格略低于竞争对手，并且打出销量优势；第二，提高直通车和钻展的出价；第三，更换快递企业。"

假如你是管理者，你愿意听没有分析思维的运营人员的报告，还是愿意听有分析思维的运营人员的报告呢？你可能也发现了，没有分析思维的运营人员依赖经验和直觉做判断，在汇报时想到哪就说到哪，听众听完后不知道汇报的中心思想是什么；有分析思维的运营人员注重逻辑推导，而且在汇报时按照"总—分—再分"的结构进行汇报，让听众可以迅速抓住重点。

分析思维是金字塔原理的层次化思考、逻辑化思考和结构化思考。任何事情都有唯一的中心论点，而中心论点可以划分为 3 ~ 7 个分论点，每个分论点又可以找到 3 ~ 7 个支撑论据。从中心论点到论据，层层递进，层层拆解。而分论点尽量遵循 MECE 法则，也就是每个分论点都是独立模块，不能有冲突和重合，而且所有分论点都应该被提出，不应该被遗漏。分析思维的结构如图 7-2 所示。

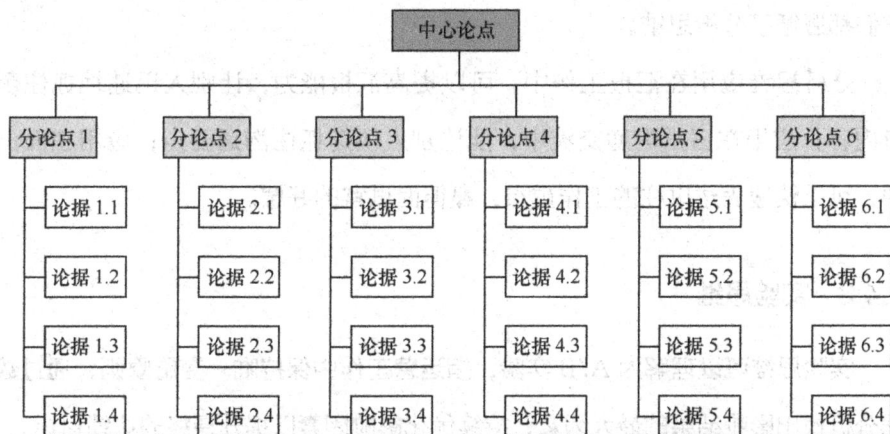

图7-2　分析思维的结构

分论点都遵循 MECE 法则太难了，绝大多数运营人员做不到严格地遵循 MECE 法则，只要在工作中依照这个法则拆解分论点，一般不会存在太大的问题，也属于优秀的分析思维。如果你在工作中觉得这种思维太难把控，而且 MECE 法则也限制了你的发散性思维，你可以借助常见的业务公式和思维导图工具，帮助自己构建分析思维。

常见的业务公式遵循同链条相乘、同层级相加的原则。例如，销售额 = 流量 × 转化率 × 客单价，流量 = 免费流量 + 付费流量，免费流量 =SEO 流量 = 产品词流量 + 品牌词流量 + 竞品词流量，付费流量 =SEM+ 粉丝通 + 广点通＋巨量引擎。借助思维导图工具展开论点分析，针对论点梳理论据，如果你能梳理出一版思维导图，那么分析思维已经建立了一半，再遵循逻辑推导就构建起了分析思维。通过分析思维可以加强对业务的理解和对运营节奏的把控。

如果你不知道常见的业务公式，可以咨询行业内的专家或企业内熟悉业务的同事。作为运营人员应该尽快地掌握分析思维，因为它在运营工作中处处可以应用。如果你对本书中的数据分析内容和其他案例有印象，你会发现它们都遵循了分析思维。

分析思维应用在汇报工作中，可以提高汇报能力，让别人迅速地抓住重点内容；应用在日常沟通交流中，能让别人快速抓住沟通要点；应用在面试中，可以快速表达以往的工作重点，赢得面试官的好感。

7.4.3　实验思维

实验思维可以理解为 A/B 实验，指运营工作中保持唯一变量原则，通过数据分析找出影响结果的最大因素，持续优化影响因素以提升最终的业绩目标。

我在上大学期间每次做生物实验，老师都会强调唯一变量原则。实验会分为对照组和实验组，在两组实验中只改变唯一一个因素，可以是温度、试剂浓度或更换试剂，通过实验数据来验证改变的因素对结果的影响，从而达到实验结果的最优化。

运营工作中也是同样的道理。假如企业最近的销售额上涨不少，没有实验思维的运营人员可能会说："最近做老用户唤醒和新用户的补贴活动，我觉得这都是影响数据上涨的因素。"而有实验思维的运营人员会说："最近我们采取一系列的措施提升了企业的销售额，具体措施有老用户唤醒活动和新用户的补贴活动。针对以上措施，我建议在活动结束之后随机抽取同等数量的用户，一部分做老用户的唤醒，另一部分做新用户的补贴。而且，抽取同等数量的用户不采取任何运营措施作为对照组进行对比，分析哪种活动的效果比较好，把表现好的活动持续做下去。"

实验思维需要从样本、指标和维度三个方面考虑。样本是指实验中被随机划分的等量用户组，把每个活动随机匹配一组用户，而没有做任何改变的一组用户为对照组。指标是根据实验目的设定的对比数据，可以是用户组的总指标或人均指标，例如，电商类产品经常用销售额或客单价进行对比。维度是指时间因素。本次实验持续了多长时间，可以是一天、一周或一个月，一般大流量的产品选取一天，小流量的产品选取一周。

以上是理想状态下的实验思维，工作中还有很多例外的情况。例如，做电商产品运营，你想知道更改宝贝的主图对交易额的影响，而平台的规则不受你控制，无法把更改主图的宝贝随机推送给一组用户、没更改主图的宝贝随机推送给另一组用户。这时可以对理想态的实验思维稍做改变。实验组是更改了宝贝主图，指标是购买转化率，维度是 3 天。实验开始后 3 天的购买转化率与开始前 3 天的购买转化率进行对比。虽然实验过程中还会掺杂其他影响因素，由于其他因素影响较小，可以暂时不纳入考虑的范围。

实验思维需要秉持唯一变量原则，最忌讳同时有多个变量。例如，更换了渠道和落地页，无法判断是渠道的效果好，还是落地页的效果好。如果有两个变量需要测试，可以先更换落地页，并分析数据从中选出转化较好的落地页，再进行渠道测试，通过时间维度筛选效果较好的渠道。最后，匹配最优落地页和最优渠道，得到最优效果。

7.4.4　最小化思维

运营工作中的最小化思维与产品研发过程中的 MVP 思想一致，即通过用最小的代价测试最优的效果。

如果你有幸参与了产品从 0 到 1 的过程，而且企业内其他人都不具备最小化思维，你一定要站出来主持大局，通过开发核心功能版本的产品验证市场是否可行。

在研发产品之前，团队可能只有想法，或者通过市场调研获取支持研发产品的数据。第一种方式极度不靠谱，第二种方式在产品的可行性上也存在误区，无论哪种方式都需要把 MVP 版本放到市场上让用户验证。

在运营工作中利用最小化思维，可以用最小的代价测试渠道、活动和内容是否符合用户预期。不具备最小化思维的运营人员找领导申请预算时通常会说："领导，最近我们期望增加 3 个投放渠道，做 2 场高质量的活动和产出 30 篇高质量的内容。渠道投放需要 100 万元的预算，两场活动需要 50 万元的预算，30 篇高质量的内容需要 10 万元的预算。"具备最小化思维的运营人员找领导申请预算时通常会说："领导，为了完成我们新增 10 万活跃用户的目标，最近我们准备拓展 3 个渠道，做 2 场活动，需要 30 篇高质量的内容。为了验证渠道、活动及内容是否有效，我们决定每个渠道申请 2 万元的预算看效果。对于活动，先申请 1 万元的预算做 1 场类似的小活动；对于内容，先申请 1 万元的预算做 3 篇高质量的内容，验证选题是否符合用户预期。我们拿到结果后再决定接下来如何扩大渠道、活动和内容的规模。"

如果你是领导，你会批准谁的预算呢？结果可想而知。特别是渠道运营人员，如果没有最小化思维就容易酿成大祸。曾经有一位刚毕业的大学生在企业做 SEM 推广（SEM 属于渠道运营的一种）找领导申请 30 万元的预算，领导也批复了，但是最终只成交了 2 单，大概收入了 3 万元，ROI 做成了 1∶0.1。

运营人员在运营工作中具备最小化思维非常有必要。在渠道运营中，先用最小的代价测试渠道的效果，确定切实可行之后再扩大渠道的投入。在活动运营中，如果没有人做过类似的活动，先用最小的代价测试活动效果，如果效果不错，继续推广到全部用户中。在产品运营中，不需要完善产品到极致后再投放市场，可以先做出最小可行性版本（MVP）投放市场，获取用户的反馈，对于反馈较好的产品再投入较大的资源进行完善。

最小化思维是谨慎开展运营工作的方式。通过最小的代价测试市场，并获取用户对产品的态度；通过最小的代价测试最优的素材或渠道，切记不要大而广地做运营工作。而且，运营人员具备最小化思维，可以更合理地配置资源，较容易做出符合预期或超出预期的业绩。

7.4.5 流程思维

流程思维是指拿到具体问题后，按照从开始到结束的操作行为进行先后顺序的梳理，从梳理中获得关键节点的用户行为，找出潜在问题并逐一解决。通过流程思维完善解决问题的思路，以达到最优的结果。

流程思维大多数应用在新的运营工作启动之前，或者应用在运营过程中解决问题时。运营人员在陌生的工作中更应该具备流程思维，把工作流程化，简化未知领域带来的难度。没有流程思维的运营人员在接手新的运营工作时会感到迷茫，对如何开展运营工作没有具体的思路，好像应该找策划人员帮忙策划一场活动，找渠道人员帮忙做渠道的投放，还应该找文案人员帮忙写活动文案。

有流程思维的运营人员在想："太好了，又可以实践新的运营技能。活动的流程应该怎么设计呢？活动流程中的重要节点应该怎么把控呢？活动结束后又应该做哪些事情呢？我先用流程图记录下来。现在我还没做过活动运营工作，也不知道活动运营的流程和关键节点，先通过互联网查找一些活动案例，按照自己对活动的理解进行拆分、归纳和总结，形成做活动运营工作的流程。"于是，他通过流程思维把活动运营的关键节点梳理出来，如图 7-3 所示。

图7-3　活动流程节点

在活动策划阶段，需要策划活动的主题，撰写活动的规则，安排活动的时间。在活动素材阶段，需要设计活动的宣传图，撰写宣传文案。在活动渠道阶段，需要确定活动的投放渠道并申请预算。在用户报名阶段，需要确认报名方式和具体名额，以及报名机制。在活动开始阶段，应该保持与用户沟通，维持服务器稳定，制定紧急状况的处理方案。在活动结束后，需要梳理排名，购买和发放奖品，写活动复盘。按照这些注意细节对活动的流程图做了细化，对每一步需要做的重点事情做了梳理和记录，如图 7-4 所示。

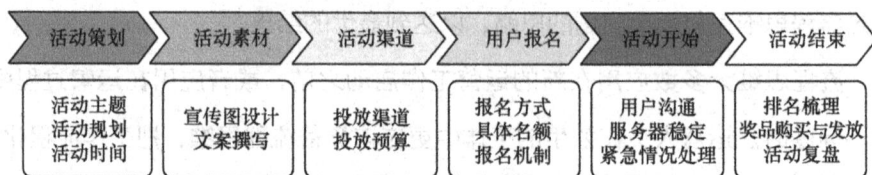

图7-4　细化后的活动流程节点

通过流程思维，借助流程图梳理关键节点，活动运营就有了头绪，而且标注了流程节点的重点工作，在关键节点合理地分配时间，整个活动已经策划完毕。如果管理层让你策划新的活动方案，你可以按照流程思维书写方案并进行汇报，管理层也放心把这次活动运营工作交给你，而且运营工作也能有条不紊地推进。

总之，运营人员应该具备流程思维，在接手新工作时能跳出以往的经验和直觉，采用流程分析和梳理让自己快速适应新的运营工作。

7.4.6　拆解思维

拆解思维是把较大的业务目标拆解为节点小目标，选择适合的运营技能，并针对节点小目标匹配相应的资源，完成业务目标。这样可以把看似不能完成的业务目标，转化为可以完成的阶段性的小目标。

运营人员在工作中经常遇到以提升指标为目标的运营需求，领导对业务目标的期待值又比较高。例如，领导期待产品的用户数在这个月能达到 10 万个。没有拆解思维的运营人员接到领导的这个需求时就会想："领导简直是异想天开！咱们怎么可能完成这么大的目标？这根本就是不可能完成的任务。做到 7 万个用户还差不多，怎么可能做到 10 万个？"有拆解思维的运营人员会想："领导期待 1 个月总用户数达到 10 万，目前产品共有 6 万个用户，还需要有 4 万个新增用户。目前日均新增 500 个用户，到月底能增长 15000 个用户，还有 25000 个用户的差额。根据目前的情况分析，每天需要另外新增 900 个用户。目前自然流量每天获取 200 个用户，付费渠道每天获取 300 个用户，只需要在付费渠道投入 4 倍的资源就可以完成业务目标。"

经过拆解后，大目标就被拆分为每天的业务目标，而每天的业务目标可以通过付费渠道和免费渠道完成。运营人员发现领导提出这个月产品的总用户数达到 10 万个的目标就可以完成，而不是听到数字后不知如何是好。

运营人员要根据已有渠道的历史数据、活动的历史数据、掌握的运营技能等综合考虑如何采用拆解思维。如果刚接手的产品没有积累的数据，运营人员不能直接获得拆解的思路，就可以结合流程思维，根据已经掌握的运营技能梳理用户漏斗的转化流程，根据漏斗流程收集数据并展开分析，得到结论后再拆分总目标。

有时候管理层会提出看似无理的要求，运营人员通过拆解思维进行分析，在流程节点投入相应的资源是可以解决问题的。而且，运营人员可以根据匹配的资源反推管理层提出的目标是否合理。总之，运营人员通过拆解思维可以更理智地做运营决定，而不是在网上看了两篇零预算完成拉新超过 10 万用户的文章，头脑一热，不申请任何预算就开始工作。

管理层指派的增长任务或制定的目标都要通过拆解思维验证是否合理，而且通过拆解后把工作目标落实到可以执行的运营技能上，这样做出的运营计划或方案才合理。不经过拆解思维验证的运营计划或方案大多数属于拍脑袋的决定，运营人员也难以采用合适的运营技能。最终，目标不是难以完成，就是太容易完成，两种结果对运营人员的成长都没有帮助。

7.4.7　复盘思维

复盘思维是指通过对以往的工作进行回顾和总结，发现其中的优点和不足，并持续保持优点、优化不足，为接下来的运营工作做准备。

运营人员几乎每天都在制定运营计划，并通过已掌握的运营技能实施运营计划。面对重复的工作，没有复盘思维的运营人员会想："这次运营工作终于完成了，也达到了既定的业务目标，接下来需要制定下个季度的运营计划。说起来真烦，每天都干着重复的事情，对于成长也没有帮助，我感觉职业生涯到了瓶颈。"有复盘思维的运营人员会想："虽然这次运营计划完成了既定的业务目标，但在推进工作的过程中还是暴露了不少问题。投放不应该采用 B 渠道，用户报名应该改为微信可以登录，然后绑定手机号。计划实施的过程也有亮点，进入落地页的用户转化率高于以往的数据，这次落地页文案和色彩搭配做得不错。下个季度的活动继续保持这种设计风格和文案，优化渠道和报名方式，应该能提升业务目标。"

面对同样的工作，没有复盘思维的运营人员把工作看成重复性的动作，每次都采取已有的方式和技能，数据在稳定值上下波动，在不增加资源的情况下难以有效提升业务目标，自己也难以从工作中获得成长；有复盘思维的运营人员可以持续地完善工作流程，把工作做到最优，自己也能从工作中获得成长。

如果你还不知道何为复盘思维，如果你认为复盘思维是做工作总结，说明你需要深入了解复盘思维。我觉得可以从回顾目标、评估结果、分析原因、总结规律4个关键步骤养成复盘思维。

在实施运营计划前，运营人员应回顾团队制定的目标是否符合可衡量？是否可实现？是否有具体的数值？是否有截止日期？如果发现目标不符合这4条标准，则需要在以后的运营工作中加以修正。

评估取得的结果与制定的业务目标是否一致，认清理想状态和现实状态之间的差距。界定问题并分析发生问题的原因，重新推演运营过程中的关键节点，找到业务没有达标的原因。如果不知道如何分析问题，可以借用鱼骨图或5W1H等工具。

对于分析得到的原因，运营人员需要判断是否为影响业务目标的主要原因。因此，运营人员需要继续分析原因，找到影响结果的主要原因和次要原因，并运用逻辑推理判断原因是否正确。运营人员可以应用丰田五问法探究影响结果的真实原因，并给出解决方案。

对于分析推导出来的解决方案，运营人员应形成规律和方法论，并在以后的运营工作中加以验证。随着经验和方法论的积累，运营人员可以有效提升解决问题的效率。

7.4.8　产品思维

运营人员具备产品思维，并不是让运营人员画原型图、写PRD文档，而是像产品经理一样分析用户需求的本质，把运营工作中常用的功能产品化，便于以后开展运营工作。

特别是在用户运营工作中，运营人员经常会遇到用户提出的很多产品需求。对于用户提出的产品需求，不具备产品思维的运营人员会不加分析地汇总给产品经理，而且附带上一句话："这些都是用户的需求。"产品经理也会抱怨："你怎么什么需求都提？"勤奋的运营人员每隔一段时间还会追问进度，看用户提交的需求进展怎样了。但是，运营人员提交的大多数需求，产品经理都不会采纳。因此，运营人员非常气愤，心想："用户的需求都不采纳，这产品还能做好吗？"具备产品思维的运营人员会对用户提出的问题进行归纳和分类，并深度思考此类问题有没有价值，要不要提给产品经理，还是按照重要等级进行排序，然后提交给产品经理？有产品思维和没有产品思维的运营人员与产品经理沟通时，显然产品经理更愿意与有产品思维的运营人员沟通。通过对用户需求的筛选和排序，运营人员也锻炼了业务思考能力和需求价值思考能力。

运营人员在工作中经常把用到的功能产品化，也属于一种产品思维。不具备这种产品思维的运营人员每次做类似的活动功能时都要找产品经理或研发人员。两三次后，产品经理或研发人员开始反感说："你们运营人员就不能换一种活动形式？就不能有点新花样？同样的功能和落地页给你们开发了两三次！"具备这种产品思维的运营人员在第一次活动结束之后，确定以后的活动中还需要用到同样的功能和落地页，于是告诉产品经理或研发人员，把本次活动的功能做成工具，可以方便后续开展活动运营，减少产品经理和研发人员的工作量。

通过产品思维，运营人员既增强了对产品的理解，也方便了与产品经理和研发人员的沟通，同时提升了自己的工作能力。

7.4.9 用户思维

用户思维即站在用户的角度思考问题。产品经理具备用户思维，根据用户的需求设计产品，让产品更符合用户的预期。运营人员具备用户思维，能有效提升关键节点的转化率。特别是内容运营人员，需要从用户角度看待问题。没有用户思维的运营人员在写文案时经常想："我们是市场第一，我们的技术先进，我们的线下门店多，我们的产品功能多，我们的设计好看……"一切以自我为中心，写出的文案大致是我们的产品天下第一，而此类文案放到线上的生产环境中难以产生好的转化效果。具备用户思维的运营人员在写文案时会想："我们的产品有哪些优势？现在用户有哪些痛点或需求点？有些优势真的能给用户带来利益吗？如何组织用户看得懂的话术？"一切站在用户的角度思考，这样写出的文案，转化率不会低。

在运营工作中，用户思维还有另一层意思，即用户在哪里，运营人员就应该把产品推向哪里。特别是寻找种子用户的过程中，种子用户在哪里，就在哪里把产品引爆。运营人员要清楚地知道用户的属性、聚集地、喜欢什么内容，如何把用户引入产品中。这一切流程都需要运营人员具备用户思维，围绕对用户的理解开展运营工作。

如果你不具备用户思维，在以后的运营工作中试着从用户的角度思考问题，而不是从自己的角度。一切以自我为中心的运营技能，在精细化运营时代很难做出效果。

看到这里，你可能会说："我知道用户思维，我也会站在用户的角度思考问题，也知道从用户的需求来写文案。"但是，运营人员在工作中经常会站在自己的角度，假装用户有类似的需求，根据自己假设的用户需求开展运营工作。这不叫用户思维，而是假借以用户为中心，实则围绕自己的假设条件开展运营工作。

　　真正的用户思维需要调研用户，洞察用户行为，分析用户的访谈数据，掌握用户真正的需求点，在用户的真实需求上制定运营计划，实施运营技能。而且，运营人员在每次开展运营工作之前都要问自己："这么做对用户真的有价值吗？"同时，运营人员也要清楚地知道竞争对手采取了哪种技能做同样的运营工作，他们是否做到了以用户为中心，自己如何才能比他们做得更好。

2015—2018 年，我都在做与职业教育相关的工作。自 2018 年开始，我彻底跨产品、跨行业，转型做 To B 方向的 AI 产品运营。从 To C 到 To B 做产品运营，我转型得并不顺利。To C 产品的运营方式对于 To B 产品大多失效，而且无论用什么技能都做不出好的结果，这让我特别迷茫。

得益于在大学期间做站长的经验，那时我的资源和人际关系都很匮乏。为了解决一个问题，我经常通过互联网收集各种信息，加以提炼并应用在网站优化上。于是，我喜欢琢磨互联网中的新鲜事物和规则，并把它们应用在产品运营中。经过一段时间的思考和尝试，工作逐渐步入了正轨。我仿佛感受到了运营工作的底层逻辑，开始在公众号上输出有关运营的内容，也就有了本书的内容来源。

在写书之初，我思考过是写成深度内容，还是浅显的内容。我觉得在运营工作中有几年工作经验的人不会太迷茫，反而是没入行的人及刚入行的人容易产生困惑。因此，本书特别适合未入行、刚入行及入行两三年的运营人员阅读。如果你已有多年的工作经验或身处管理层，那么本书中的思维模型对你会有帮助。

我建议运营人员在工作中学习别人的运营方法论，从不同的运营视角看待问题，多掌握几种解决问题的方法。不过，我也建议运营人员不要过多地迷恋运营技能，从不同的思维角度思考问题，运营工作中的难题就可以迎刃而解。

运营人员在工作中掌握了必要的运营技能后，可以多研究别人的运营案例，分析他们的运营思路，丰富自己的理论知识。无论你处于运营工作的哪个阶段，都要踏实地做好本职工作，并寻求工作之外的成长，让自己快速地成长为运营专家。

我希望你能把本书的思想与实战经验相结合，让它可以迸发出更大的威力，这有利于你的工作。同时，我欢迎读者带着批判的眼光阅读本书，辩证地看待我的方法论。如果你有不同的想法，欢迎你通过公众号与我交流。

在此，我要感谢以前公司的同事在工作中给予的包容，让我有机会探索To B 的运营技能；感谢现在公司（容联七陌）的 CEO 陈光给了我一个更大的空间，也对本书给予了很大的支持；感谢创新中心的同事，让我有机会参与 B 端产品的全流程工作，有了这些实战经验，才会有我在工作中的深度思考，我才能参透运营思维。

感谢责任编辑老师对本书忙前忙后，不厌其烦地指导我的写作技巧，帮我修改文章的内容和语句。在本书完成之际，我的写作能力也有了很大的提升。

感谢所有为本书写序和推荐语的老师，有你们的推荐，本书会更有使用价值。

感谢我的家人在我写书的过程中给予理解和支持。我父亲经常通过电话给予力所能及的疏导。特别是我的母亲和妻子在我写作的过程中照顾我的生活起居，并且尽量不让儿子打扰我，有时还要忍受我写不出文字时的臭脾气。我妻子张先莉女士在 2009 年就知道我要写书的想法，终于在 2020 年动笔了，于是在我写书的过程中给予了很多安慰和鼓励，并承担了很多生活上的压力。

最后，感谢张一一小朋友，看着你逐渐长大，让我有动力在深夜和周末写稿，也希望能把本书作为你两周岁的生日礼物。